Primaria

Ciencias Sociales 3

José Kelliam Benítez Orea (Coord.)
Antonio Bustos Jiménez
José Alberto Cano Carretero
Eduardo Fernández Friera

ANAYA

Conoce tu libro

Así se organizan los contenidos

En cada unidad irás descubriendo los contenidos sobre los que investigar.

La realización de las actividades te permitirá mejorar tus estrategias de aprendizaje, tu autonomía y conocimientos.

Algunas de ellas, además, fomentan:

- La comprensión y la expresión
- Desarrollo del pensamiento
- El aprendizaje cooperativo
- La competencia emocional
- La cultura emprendedora
- La competencia digital
- La evaluación del aprendizaje

Así se aplican los contenidos

METODOLOGÍA – – –

Aprendizaje competencial

Cada unidad comienza con un estímulo, una situación que plantea una curiosidad, una duda... → **La situación da lugar a una pregunta, a un RETO.** →

Accede a la web

www.anayaeducacion.es

1 Entra en la web de Anaya Educación y haz clic sobre:

2 Haz clic sobre **Nuevo usuario** y rellena el formulario.

Para darte de alta en la web, debes tener el permiso de tu padre, madre, tutor o tutora legales.

Recibirás un correo electrónico en el *mail* con el que te has registrado. A partir de entonces, podrás acceder a toda la información de la web.

Zona técnica

En este apartado encontrarás técnicas o herramientas que te ayudarán a leer y comprender mejor las ciencias sociales.

Páginas especiales

Al finalizar cada unidad encontrarás unas páginas que te ayudarán a:

- Organizar tu mente.
- Comprobar qué has aprendido.
- Reflexionar sobre cómo has aprendido.

Y un repaso trimestral.

Comparte los códigos QR en familia.

Cuando veas (icono de wifi), encontrarás en la web información complementaria.

Para superar el reto, tendrás que INVESTIGAR y APRENDER los contenidos.

Podrás demostrar que has superado el reto aplicando lo que has aprendido en la realización de un PRODUCTO FINAL.

Sigue los pasos que verás indicados en la unidad.

Consulta el banco de recursos

1 Añade tu libro: accede a **Mis recursos** y haz clic sobre el botón **+ Añadir licencia** y, en la ventana que aparece, escribe el código que hay detrás de la cubierta de tu libro.

2 Se mostrará la imagen de la web del libro.

Haz clic sobre: **ver Mis recursos**

Y elige tu comunidad:

3 Haz clic sobre el botón **Banco de recursos** para abrir el menú desplegable en el que aparecen tus recursos.

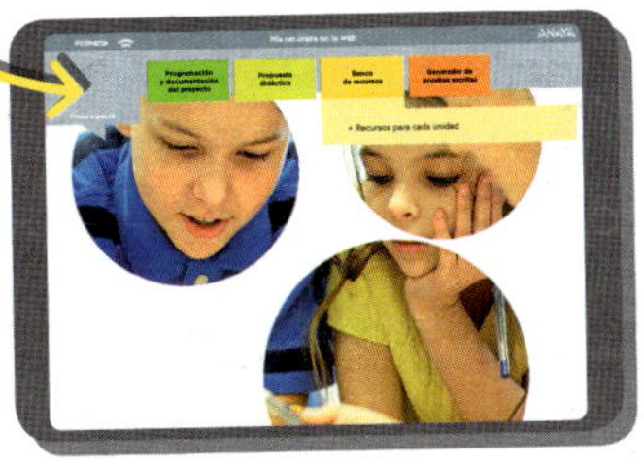

Los contenidos

El reto

Investigo y aprendo	Producto final
• El plano • El mapa • El globo terráqueo • El mapamundi • Otras formas de orientarnos	• Realizo un plano de mi aula
• Los paisajes • Los paisajes de interior • Los paisajes de costa • El relieve de España: el interior • El relieve de España: la costa y las islas • Conservamos el paisaje	• Elaboro un folleto informativo
Repaso trimestral	
• Los estados del agua. El ciclo del agua • Las aguas subterráneas y las superficiales • Los ríos: elementos y características • Los ríos de España • Los usos del agua • Otros usos del agua	• Invento un cómic
• ¿Dónde está Europa? • El medio físico de Europa • El mapa político de Europa • La Unión Europea	• Realizo y juego al tableuropa
Repaso trimestral	
• El paso del tiempo y la historia • Las fuentes históricas. Las edades de la historia • Los museos y los monumentos **Zona técnica** • La línea del tiempo	• Preparo una exposición
• La prehistoria • La Edad Antigua • La Edad Media • La Edad Moderna • La Edad Contemporánea • Las edades en una línea del tiempo	• Ideo el juego de los inventos
Repaso trimestral	

Las piezas clave

	Plan Lingüístico	Desarrollo del pensamiento	Aprendizaje cooperativo	Educación emocional
1 Representamos el espacio	• Expresión oral: descriptivo • Expresión escrita: discontinuo	Técnicas • Veo-pienso-me pregunto • La pregunta Organizo mi mente • Diagrama de Venn	Técnicas • Interpretación compartida • Folio giratorio	• Conciencia emocional: me miro en un espejo: ¿qué veo?
2 Observamos el paisaje	• Expresión oral: descriptivo • Comprensión escrita: instructivo • Expresión escrita: expositivo	Técnicas • CyR • Las desventajas y los inconvenientes Organizo mi mente • Mapa conceptual de paisaje	Técnicas • Grupo nominal:1-2-4	• Regulación emocional: practico deporte emocional
3 Conocemos las aguas	• Expresión escrita: narrativo • Expresión oral: discontinuo	Técnicas • Antes pensaba-ahora pienso • Construimos Organizo mi mente • Mapa conceptual de organigrama	Técnicas • Lápices al centro • Comprobamos	• Autonomía y autoestima: me supero
4 Un continente llamado Europa	• Expresión oral: expositivo • Comprensión escrita: descriptivo	Técnicas • CyR • Las alternativas Organizo mi mente • Mapa conceptual de araña	Técnicas • Parada de cinco minutos • Asamblea de ideas	• Competencia social: me relaciono
5 Cómo saber lo que ocurrió	• Interacciones • Expresión oral: discontinuo	Técnicas • Veo-pienso-me pregunto • Las alternativas Organizo mi mente • Mapa conceptual de paisaje	Técnicas • Lectura compartida • Cabezas pensantes	• Competencia para la vida y el bienestar: una dieta emocional sana y equilibrada
6 ¿Qué ocurrió en el pasado?	• Comprensión oral: expositivo • Expresión escrita: diálogo	Técnicas • Antes pensaba-ahora pienso • La palabra Organizo mi mente • Mapa conceptual de organigrama	Técnicas • Grupo nominal: 1-2-4 • Petición del oyente	• Competencia para la vida y el bienestar: una dieta emocional sana y equilibrada

Cultura emprendedora	TIC	Evaluación
• Creatividad y creación (dimensión personal): mis creaciones	• Plan TIC: uso de Internet de forma saludable • Recursos para cada unidad: actividades, galerías de imágenes, presentaciones, vídeos • Portfolio: orientaciones para hacer tu portfolio y versión imprimible del portfolio de la unidad • Aprende jugando • Para estudiar • Uso de dispositivos móviles: código QR	• ¿Qué he aprendido? • ¿Qué he aprendido de mis compañeros y compañeras y qué han aprendido mis compañeras y compañeros de mí? • ¿Cómo me he sentido cuándo he realizado el plano? • ¿Para qué me ha servido lo que he aprendido?
• Autoconocimiento (dimensión personal): lo que me gusta y no me gusta	• Plan TIC: uso de Internet de forma saludable • Recursos para cada unidad: actividades, galerías de imágenes, presentaciones, vídeos • Portfolio: orientaciones para hacer tu portfolio y versión imprimible del portfolio de la unidad • Aprende jugando • Para estudiar • Uso de dispositivos móviles: código QR	• ¿Qué he aprendido? • Me califican mis compañeras y compañeros. Lo valoro y pienso cómo podría mejorar. • ¿Qué he sentido al elaborar el folleto? • ¿Para qué me ha servido lo que he aprendido?
• Comunicación (dimensión social): resumo bien y comprendo lo que leo y percibo	• Plan TIC: uso de Internet de forma saludable • Recursos para cada unidad: actividades, galerías de imágenes, presentaciones, vídeos • Portfolio: orientaciones para hacer tu portfolio y versión imprimible del portfolio de la unidad • Aprende jugando • Para estudiar • Uso de dispositivos móviles: código QR	• ¿Qué he aprendido? • ¿He conseguido hacer todas las actividades? • ¿He aprendido a hacer cosas nuevas? • ¿Qué dificultad han tenido los contenidos de esta unidad? • ¿Cómo me he sentido al hacer el cómic? • ¿Para qué me ha servido lo aprendido?
• Equipo (dimensión social): objetivo compartido	• Plan TIC: uso de Internet de forma saludable • Recursos para cada unidad: actividades, galerías de imágenes, presentaciones, vídeos • Portfolio: orientaciones para hacer tu portfolio y versión imprimible del portfolio de la unidad • Aprende jugando • Para estudiar • Uso de dispositivos móviles: código QR	• ¿Qué conocía de los contenidos de la unidad? • ¿He averiguado algo nuevo? • ¿He aprendido a hacer cosas nuevas? • Valoro el nivel que tengo en ciertos aspectos • ¿Para qué me ha servido lo aprendido?
• Iniciativa (dimensión productiva): aporto soluciones nuevas	• Plan TIC: uso de Internet de forma saludable • Recursos para cada unidad: actividades, galerías de imágenes, presentaciones, vídeos • Portfolio: orientaciones para hacer tu portfolio y versión imprimible del portfolio de la unidad • Aprende jugando • Para estudiar • Uso de dispositivos móviles: código QR	• ¿Qué he aprendido? • ¿Qué es lo que más y menos trabajo me ha costado aprender de esta unidad? • Compruebo cómo va mi aprendizaje en distintos aspectos. • ¿Cómo me he sentido al realizar la exposición de objetos? • ¿Para qué me ha servido lo aprendido?
• Innovación (dimensión productiva): tomo decisiones	• Plan TIC: uso de Internet de forma saludable • Recursos para cada unidad: actividades, galerías de imágenes, presentaciones, vídeos • Portfolio: orientaciones para hacer tu portfolio y versión imprimible del portfolio de la unidad • Aprende jugando • Para estudiar • Uso de dispositivos móviles: código QR	• ¿Qué he aprendido? • ¿Para qué periodo de la historia he encontrado más inventos? • ¿Qué he aprendido de nuevo en esta unidad? • Valoro el nivel de mi aprendizaje en ciertos aspectos. • ¿Para qué me ha servido lo aprendido?

1 Representamos el espacio

A Laura le resultó divertido leer los nombres de las calles mientras recorrían la ciudad. En las esquinas de algunos edificios estaban escritos los mismos nombres que aparecían en el plano con el que se orientaban en su visita a la ciudad.

Solo fue necesario seguir el recorrido que habían programado para llegar hasta la placa que había en el suelo. Cuando en casa supieron que viajarían a Madrid, su padre les comentó algo que les pareció extraño: «Dicen que hay un lugar en el que comienzan las carreteras».

Laura y su familia habían llegado al kilómetro 0 de la Puerta del Sol.

¿Para qué sirven los planos y los mapas?

Los planos y los mapas nos ayudan a orientarnos. También muestran información sobre los lugares que representan. Se utilizan para viajar por tierra, mar y aire. Son además muy útiles para conocer cómo son los edificios y otros espacios naturales y artificiales.

Te proponemos un reto

¿Eres capaz de representar un espacio cercano?

Para superar el reto... investigo y aprendo

- El plano
- El mapa
- El globo terráqueo
- El mapamundi
- Otras formas de orientarnos

Para demostrar que lo he superado... realizo un plano de mi aula

Paso 1. Decidimos el tipo de plano que vamos a hacer.

Paso 2. Preparamos el material necesario.

Paso 3. Medimos.

Paso 4. Dibujamos un boceto del plano.

Paso 5. Pasamos a limpio el trabajo y lo exponemos.

El plano

Un **plano** es un dibujo que representa, a tamaño reducido y tal como se vería desde arriba, una localidad, un barrio, una calle, un edificio, una habitación, etc.

Los planos nos sirven para:

- Localizar calles, edificios u objetos de un lugar.
- Medir distancias o tamaños.
- Orientarnos y trasladarnos de un lugar a otro sin perdernos.

Paso 1 2 3 4 5

Decidimos el tipo de plano que vamos a hacer.

Interpretación compartida El plano de vuestra aula debe representar los elementos de la construcción, como paredes, puertas y ventanas; también los muebles.

Decidid en grupo cómo será vuestro plano y cómo os organizaréis.

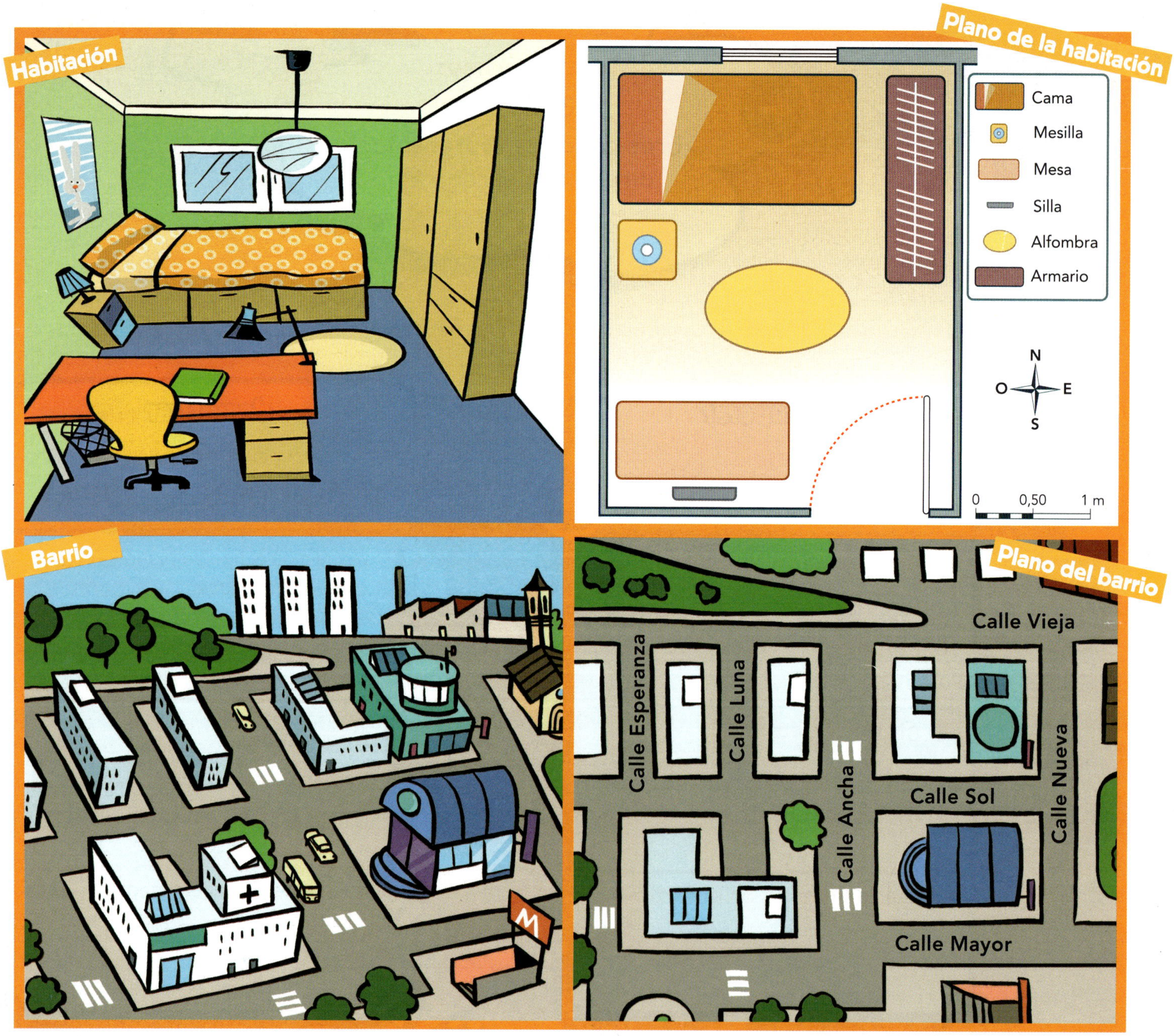

Elementos de un plano

En los planos, nos encontramos la información mediante cinco elementos:

Las marcas de orientación

Nos indican los **puntos cardinales:** norte, sur, este y oeste. Generalmente, el norte se encuentra en la parte superior del plano.

Los símbolos o signos convencionales

Son dibujos y colores que representan elementos de la realidad: edificios, objetos, etcétera.

La leyenda

Es la zona en el plano donde se explica el significado de los símbolos o signos convencionales utilizados.

La escala

Es una línea recta dividida en partes iguales que sirve para conocer las medidas reales de lo representado.

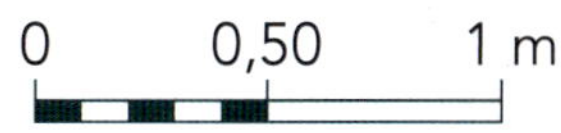

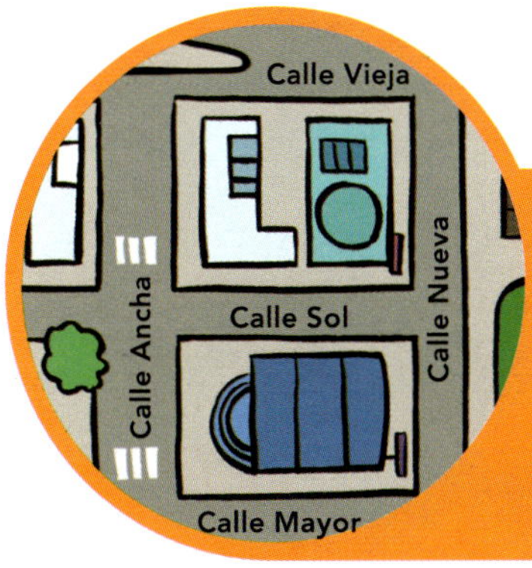

La toponimia

Es el conjunto de nombres de lugares, calles, plazas, etc. que aparecen en el plano.

Comprende, piensa...

1 Explica con tus palabras qué es un plano y para qué nos puede resultar útil.

2 Observa la leyenda del plano de la habitación e indica con dibujos cómo están representadas la cama, el armario y la mesa.

3 ¿Cuáles son los diferentes elementos que podemos encontrar en un plano?

4 Busca información sobre qué es la cartografía y averigua quiénes son las personas que realizan los planos y los mapas.

El mapa

Un **mapa** es la representación de un territorio extenso o incluso de toda la superficie de la Tierra.

Los mapas nos sirven para:

- Saber la ubicación exacta de los lugares que queremos localizar.
- Ver las distancias que separan un punto de otro.
- Orientarnos y trasladarnos de un lugar a otro sin perdernos.

Elementos de los mapas

En los mapas encontramos la información mediante seis elementos: título, leyenda, símbolos convencionales, marcas de orientación, toponimia y escala.

Comprende, piensa...

1. ¿Cuáles son los diferentes elementos que podemos encontrar en un mapa?
2. Identifica en un mapa las marcas de orientación y escribe los nombres de los cuatro puntos cardinales.
3. Observa la leyenda y los signos convencionales del mapa físico e indica con qué color están representadas las zonas montañosas.

Tipos de mapa

Dependiendo de la información que contengan, los mapas pueden ser de tres tipos: **físicos, políticos** y **temáticos.**

Mapas físicos

Representan el relieve y las aguas de un territorio.

Mapas políticos

Representan los límites de países, comunidades autónomas, provincias, etc.

Mapas temáticos

Histórico

Ofrecen información de un tema concreto. Pueden ser mapas **históricos,** si representan acontecimientos ocurridos a lo largo de la historia; mapas **del tiempo,** si indican las temperaturas y las precipitaciones de un lugar; mapas **económicos,** etc.

Comprende, piensa...

4 Folio giratorio Observa los mapas y elige el apropiado para poder responder a estas preguntas:

a) ¿Qué comunidades autónomas están al sur de Castilla-La Mancha?

b) ¿Qué reino ocupaba menos extensión durante la época de los Reyes Católicos?

c) ¿En qué tipo de mapas podemos encontrar representados los ríos de un territorio?

1 2 Paso 3 4 5

Preparamos el material necesario.

Por grupos, preparad el material. Cada grupo tendrá su propio plano. Necesitas: cartulina de tamaño folio, reglas, cinta métrica, lápiz, goma, rotuladores, y cuaderno para notas y borrador del dibujo.

El globo terráqueo

Así es nuestro planeta, la Tierra, visto desde el espacio.

El globo terráqueo

La mejor forma de representar nuestro planeta es mediante un **globo terráqueo.**

El **globo terráqueo** es la representación de la Tierra en una esfera.

Gracias a los globos terráqueos podemos observar la Tierra como realmente es. Si giras el globo terráqueo, podrás ver todos los continentes y océanos que componen el planeta. Es como si la viéramos en el espacio.

Globo terráqueo

1 2 3 Paso 4 5

Medimos.

Mide con una cinta métrica las paredes del aula, y los muebles que quieras representar en tu plano. Anota en tu cuaderno los datos.

Elementos del globo terráqueo

Eje terrestre

Es una línea imaginaria que une el polo norte y el sur. Está un poco inclinado.

Polos

Son los puntos en torno a los cuales gira el planeta. Son dos: el **polo norte** y el **polo sur.**

Ecuador

Es una línea imaginaria que divide la Tierra en dos partes: el **hemisferio norte** y el **hemisferio sur.**

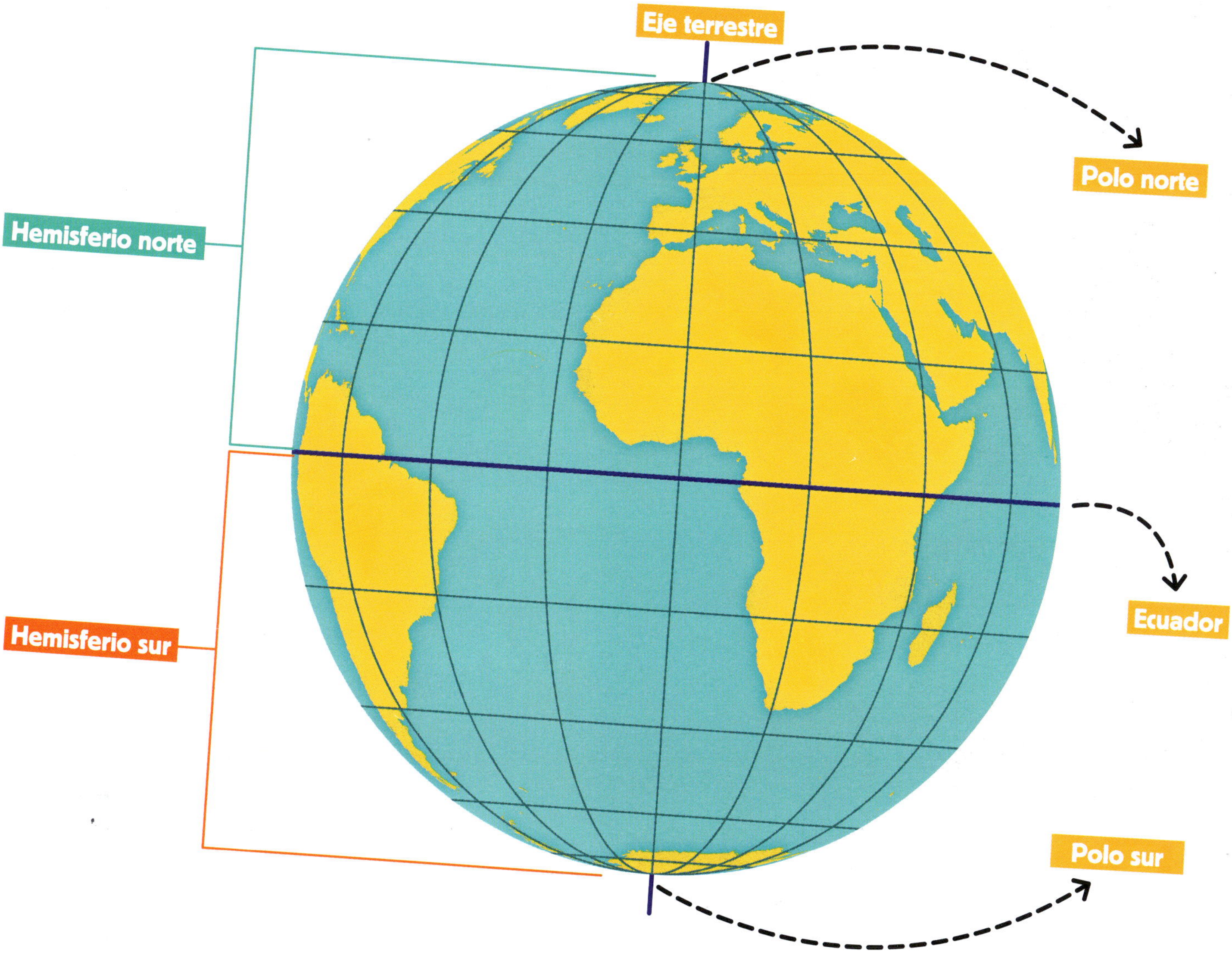

Comprende, piensa...

1 Observa el globo terráqueo e indica cuáles son los dos puntos sobre los cuales gira la Tierra.

2 La pregunta Escribe dos preguntas que tengan como respuesta «globo terráqueo».

3 Dibuja en tu cuaderno un globo terráqueo y señala sus elementos principales.

4 Después de estudiar el globo terráqueo, explica qué forma tiene la Tierra.

El mapamundi

Además del globo terráqueo, podemos representar toda la superficie de la Tierra en un mapa.

El planisferio, o **mapamundi,** es un mapa que representa los seis continentes (África, América, Asia, Europa, Oceanía y la Antártida), los océanos y los mares.

En los mapamundi aparece también el **ecuador** y otras líneas horizontales **(paralelos)** y verticales **(meridianos),** que sirven para localizar puntos en la superficie terrestre.

Curiosidad

La distancia de cualquier punto al ecuador es la **latitud.** La distancia de ese mismo punto al meridiano cero es la **longitud.**

Tipos de mapamundi

Los mapamundi pueden ser de dos tipos: **físicos** y **políticos.**

Mapamundi físico

El **mapamundi físico** nos muestra las características físicas o accidentes geográficos del planeta: montañas, desiertos, ríos, mares, costas, islas, etc.

Para representarlos, se utilizan diferentes colores: azules para las aguas, marrones y morados para las montañas, amarillos para las llanuras, etc.

Mapamundi político

El **mapamundi político** representa los límites y la extensión de los países que conforman los distintos continentes de la Tierra. Cada país se identifica por medio de un color.

Comprende, piensa...

1 ¿Para qué sirven los mapamundis?

2 Localiza en el mapamundi político los diferentes continentes y escribe sus nombres en tu cuaderno.

3 Plantea un juego de localizar diferentes puntos tanto en el mapamundi físico como en el político.

4 Antiguamente se creía que la Tierra era plana. Imagina que tuviera esa forma e hicieras un viaje a lo largo de ella. Por grupos de 4 o 5, explicad al resto cómo sería el viaje. Podéis realizar preguntas y comentarios necesarios para saber cómo sería el viaje hasta a los extremos.

1 2 3 4 5 Paso

Dibujamos un borrador del plano que vamos a realizar.

Con lápiz, dibuja las líneas que representan las paredes, los muebles, las ventanas y la puerta.

Utiliza las reglas.

Escribe la distancia anotada en tu cuaderno junto a las líneas de las paredes.

Hazlo todo en tu cuaderno.

Otras formas de orientarnos

Localizamos los puntos cardinales

Cuando estamos en el campo, si no tenemos planos ni mapas, también podemos orientarnos.

Para ello, solo tenemos que localizar los puntos cardinales (norte, sur, este y oeste) de varias formas: observando la posición del sol, la vegetación de las montañas, buscando en el cielo la estrella polar, o utilizando algunos instrumentos como la brújula o el GPS.

Comprende, piensa...

1 Veo-pienso-me pregunto Observa por dónde sale y se pone el sol en el lugar donde vives. Anótalo.

2 ¿Qué ocurriría si te perdieras en un bosque? ¿Cómo te sentirías? ¿Cómo podrías orientarte?

3 ¿Por qué la parte de solana de una montaña tiene escasa vegetación?

4 ¿A qué punto cardinal señala siempre la brújula?

La posición del Sol

Nos permite orientarnos, pues sabemos que sale por el este y se pone por el oeste.

La estrella polar

Indica siempre el norte. Si la localizamos en el cielo, nos servirá para orientarnos.

La brújula

Es un instrumento que contiene una aguja imantada que gira indicando siempre el norte.

La vegetación

En las montañas es más abundante en la zona de umbría, orientada al norte, que en la zona de solana, orientada al sur.

El GPS

O sistema de posicionamiento global, marca nuestra posición a partir de la información que recibe desde satélites que hay en el cielo.

1 2 3 4 Paso 5

Pasamos a limpio el trabajo y lo exponemos.

Realiza el dibujo a lápiz en una cartulina. Recuerda incluir los elementos del plano que aprendiste al comienzo de la unidad.

Repasa el dibujo con rotulador.

Expón en clase tu plano.

Organizo mi mente

anayaeducacion.es Dispones de una versión imprimible de esta página en el apartado «Organizo mi mente» del banco de recursos.

anayaeducacion.es No olvides consultar los apartados «Para estudiar» y «Aprende jugando» en el banco de recursos.

Además de la cantidad de superficie representada, ¿hay muchas diferencias entre los planos y los mapas? Escribe los elementos comunes que faltan en la zona compartida por los dos círculos.

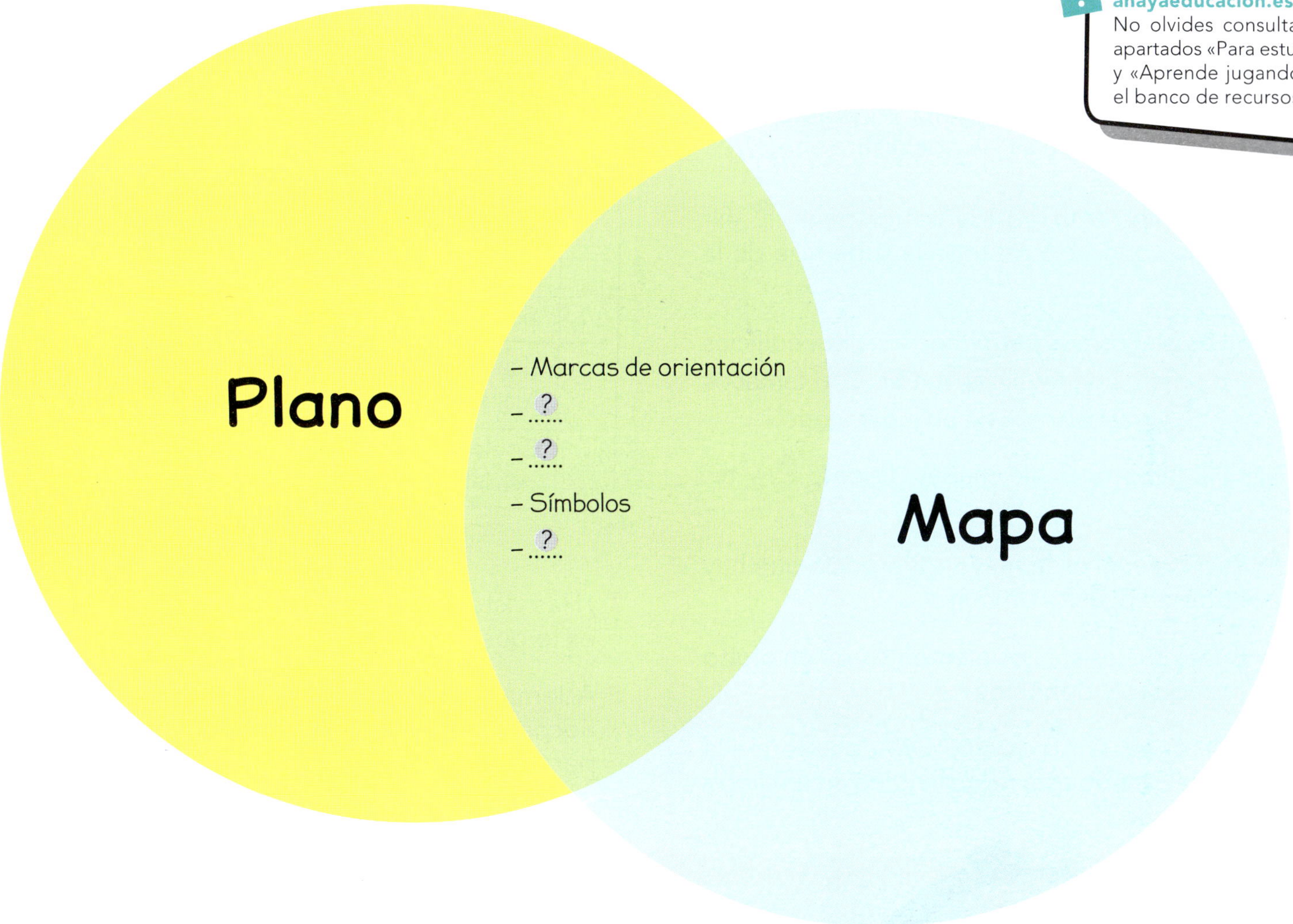

Colecciono palabras

1 En tu cuaderno de sociales crea el apartado «Diccionario». En él escribe la definición de las palabras que se van a proponer en cada una de las unidades.

Plano · Mapamundi · Mapa · Globo terráqueo · Leyenda · Brújula · Escala · Toponimia

Qué he aprendido

1 Recuerda cómo es tu habitación y realiza su plano en clase. Cuando llegues a casa, compara tu dibujo con la realidad. ¿Has acertado?

2 Copia y completa las frases con las palabras que aparecen a continuación:

orientarnos – territorio – políticos
distancias – localizar

- Un mapa es la representación de un ...?... extenso o incluso de toda la superficie de la tierra.
- Los planos nos permiten ...?... calles, edificios u objetos de un lugar, medir ...?... o tamaños y ...?... y trasladarnos de un lugar a otro.
- Hay tres tipos de mapas: físicos, ...?... y temáticos.

3 Escribe cuál es la mayor diferencia que hay entre un plano y un mapa.

4 Busca cuáles son los elementos de un globo terráqueo y defínelos.

5 ¿De qué cuerpo geométrico tiene forma la Tierra cuando está representada en un globo terráqueo?

6 Copia el cuadro en tu cuaderno y escribe verdadero (V) o falso (F) en las casillas correspondientes:

	El planisferio o mapamundi nos permite representar la superficie de la Tierra sobre una superficie curvada.
	El mapamundi físico nos muestra las características o accidentes geográficos del planeta.
	El mapamundi político representa unos 200 países.
	Las líneas horizontales del mapamundi se llaman meridianos, y las verticales, paralelos.
	En el mapamundi aparecen tres hemisferios.

Copia y completa EN TU CUADERNO

7 ¿Has visto alguna vez un GPS? Explica qué es lo que hace.

8 Además del plano o del mapa, si fuese de noche, ¿qué otros elementos podrías utilizar para orientarte?

9 ¿De qué forma nos ayuda una brújula a la hora de orientarnos?

10 ¿Cómo podemos orientarnos en el campo observando la vegetación de las montañas?

Cómo he aprendido

1 Utiliza el semáforo para señalar lo que crees que has aprendido en cada apartado de la unidad.

Representamos el espacio			
El plano			
El mapa			
El globo terráqueo			
El mapamundi			
Otras formas de orientarnos			

Verde = mucho; naranja = regular; rojo = poco.

2 Trabajo en grupo. Piensa en lo que has aprendido de tus compañeros y compañeras, y en lo que han aprendido ellos y ellas de ti. Resúmelo.

¿Cómo hemos trabajado en grupo?

De mis compañeros y compañeras he aprendido:

Mis compañeros y compañeras han aprendido de mí:

¿Qué tengo que mejorar para el próximo trabajo en equipo?

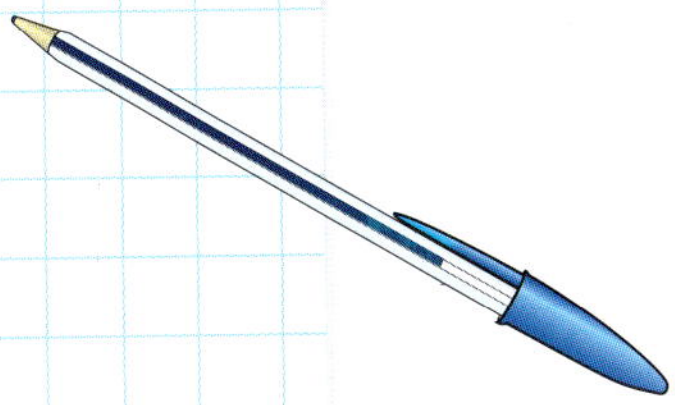

3 ¿Cómo te has sentido estudiando los contenidos de la unidad? Marca tu estado de ánimo.

Entusiasmo

Alegría

Aburrimiento

Seguridad

Confusión

Agobio

4 De lo que has aprendido en esta unidad, ¿crees que algo te servirá para aplicarlo a tu vida diaria? Escribe, al menos, una de esas aplicaciones.

PORTFOLIO 1

anayaeducacion.es
Para elaborar tu portfolio, puedes guardar actividades, curiosidades, imágenes, anécdotas u opiniones relacionadas con el estudio de cada unidad. Encontrarás orientaciones sobre cómo hacerlo y la versión imprimible de esta página en el apartado «Portfolio» del banco de recursos.

Completa EN TU CUADERNO o en la versión imprimible

anayaeducacion.es
Descubre y comparte en familia.

2 Observamos el paisaje

En España hay paisajes increíbles. El que vemos en la fotografía es de Sierra Nevada, en Andalucía.

Verás que tiene distintas zonas. En cada estación del año presenta colores diferentes: el blanco de la nieve en invierno, el verde de la hierba en primavera, el marrón de la tierra al derretirse la nieve o el amarillo de la hierba seca en verano.

Todo lo que aparece en la imagen es natural, las personas no lo han modificado.

¿Por qué debemos proteger nuestros paisajes?

Algunos paisajes están protegidos para conservarlos mejor. Hay diferentes maneras de ayudar a nuestro planeta y conservar nuestras montañas y costas.

Te proponemos un reto

¿Quieres ayudar a conservar un paisaje?

Para superar el reto... investigo y aprendo

- Los paisajes
- Los paisajes de interior
- Los paisajes de costa
- El relieve de España: el interior
- El relieve de España: la costa y las islas
- Conservamos el paisaje

Para demostrar que lo he superado... elaboro un folleto informativo

Paso 1 Conocemos tipos de folletos.

Paso 2 Elegimos el paisaje que queremos ayudar a conservar.

Paso 3 Preparamos documentación gráfica: fotografías, dibujos, etc. Pensamos y seleccionamos un título o frase motivadora (eslogan) para nuestro folleto.

Paso 4 Realizamos nuestro folleto con todos los elementos recopilados.

Paso 5 Completamos el folleto con acciones positivas para ayudar a conservar este paisaje.

Los paisajes

¿Qué es un paisaje?

Un **paisaje** es una gran extensión de terreno que podemos observar desde un lugar determinado.

Puede ser **natural,** si no ha sido modificado por los seres humanos, o **artificial,** si ha sido modificado. Para saber si un paisaje es natural o artificial, debemos fijarnos en sus elementos.

Curiosidad

La mejor forma de observar el paisaje que nos rodea es subirse a un lugar elevado.

Los elementos naturales

Son aquellos que no han sido creados por las personas: el **relieve** (montañas, llanuras, etc.); el **agua** (ríos, lagos, mares, etc.); la **vegetación** o flora, y la **fauna.**

Los elementos artificiales

Son aquellos que han sido realizados por las personas: **edificios, campos de cultivo, puertos, carreteras, puentes, tendidos eléctricos, túneles,** etc.

Los paisajes cambian

A lo largo del tiempo, los paisajes pueden sufrir modificaciones. Incluso los paisajes naturales se transforman permanentemente sin necesitar la intervención del ser humano.

Estos cambios pueden ser provocados por dos tipos de causas:

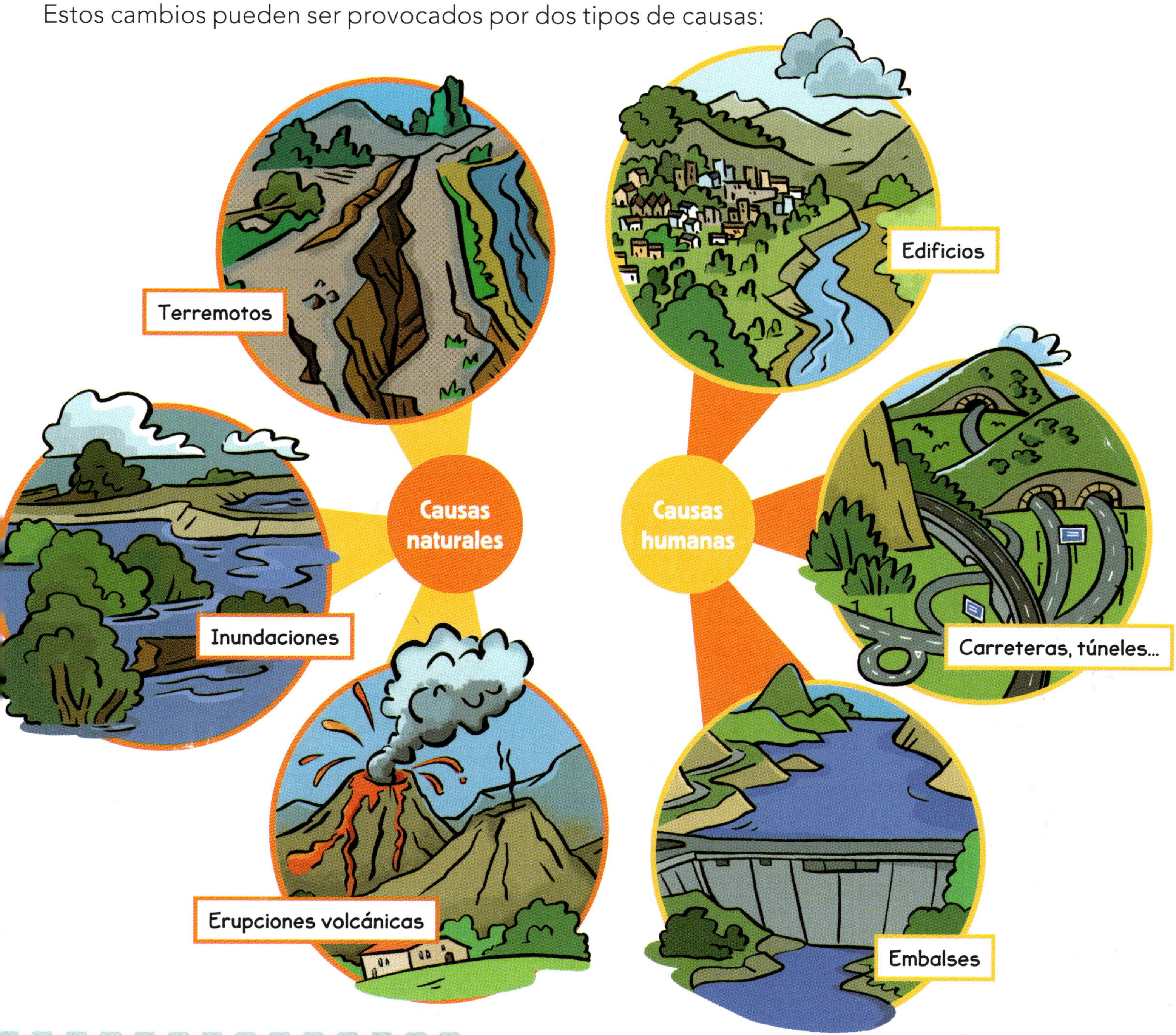

Comprende, piensa...

1. Describe de forma oral los paisajes de la página anterior. ¿Qué elementos naturales y artificiales observas en ellos?
2. Redacta una lista con los elementos artificiales que aparecen.
3. Pon dos ejemplos de causas naturales que modifican el paisaje y dos de causas humanas.
4. ¿Recuerdas algo especial del lugar donde estuviste en tus últimas vacaciones? Describe cómo era el paisaje.

Los paisajes de interior

El terreno de un paisaje puede tener formas muy distintas. El **relieve** es el conjunto de todas las formas del terreno.

Los paisajes de interior son aquellos que se encuentran alejados del mar. En ellos se distinguen dos tipos de relieve: **de montaña** o **de llanura.**

El relieve de montaña

Entre las formas de relieve de montaña destacan: **montañas, sierras, cordilleras** y **valles.**

El relieve de llanura

Entre las formas de relieve de llanura destacan: **llanuras, mesetas** y **depresiones.**

Comprende, piensa...

1 Dibuja en tu cuaderno una montaña y sitúa en ella los nombres de sus partes. Explica cómo las has identificado y por qué.

2 Investiga qué otros significados pueden tener las palabras *sierra, falda* y *pie*.

3 Relaciona e identifica cada número con cada una de estas formas del relieve: sierra, montaña, meseta, llanura.

4 ¿Qué forma del relieve aparece en la fotografía?

5 ¿En qué se diferencia una llanura de una meseta?

Paso 1 2 3 4 5

Conocemos tipos de folletos y elegimos el nuestro.

Llevad a clase folletos que encontréis por casa y elegid cómo va a ser el vuestro. Piensa en los elementos que vas a incluir en el tuyo: fotos, textos, títulos, dibujos, etc.

Los paisajes de costa

La **costa** es la parte de tierra que está al borde del mar. Podemos diferenciar dos tipos de costas: **costa alta** y **costa baja.**

Costa alta

Es aquella donde la tierra es más alta que el mar y forma **acantilados.**

Costa baja

Es aquella donde la tierra está a la misma altura que el mar y forma **playas.**

El relieve del paisaje de costa

El relieve de la costa está formado por **entrantes,** en los que el mar penetra hacia la tierra, y **salientes,** en los que la tierra penetra en el mar.

Otras formas del relieve de costa son las **islas** y los **archipiélagos.**

Principales entrantes

Principales salientes

Otras formas de relieve

1 **2** Paso 3 4 5

Elegimos el paisaje a conservar.

Grupo nominal Elige la zona o el lugar del que vas a elaborar tu folleto y redacta en un papel la información que quieras incluir en él.

Comprende, piensa...

1 Observa las imágenes de la página anterior y responde: ¿Qué diferencias encuentras entre los dos tipos de costa? Razona tu respuesta.

2 ¿Qué sensaciones te transmiten cada una de las imágenes anteriores?

3 ¿Qué diferencia hay entre una península y una isla? ¿Y entre un golfo y un cabo?

4 Dibuja un lugar de costa ideal para ti. A continuación, descríbeselo al resto de la clase y explica por qué es el ideal para ti.

5 Escribe el término correspondiente:
- Trozo de tierra que se adentra en el mar.
- Conjunto de islas cercanas entre sí.
- Tierra rodeada de agua por todas partes.

El relieve de España: el interior

El relieve del interior de España es muy variado. Está formado por una gran **Meseta Central,** cuatro **sistemas montañosos que la bordean**, cinco **sistemas montañosos exteriores a la Meseta** y dos **depresiones.**

La Meseta Central

Es una llanura de gran extensión y una altura media de 650 metros sobre el nivel del mar. En su interior se encuentran el sistema Central y los montes de Toledo.

- El **sistema Central** divide la Meseta en dos partes: la submeseta norte y la submeseta sur.
- Los **montes de Toledo** se sitúan en el centro de la submeseta sur, entre los valles de los ríos Tajo y Guadiana.

Sistemas que bordean la Meseta

La Meseta está rodeada por cuatro grandes sistemas montañosos:

- Los **montes de León,** al noroeste de la Meseta.
- La **cordillera Cantábrica,** al norte, paralela a la costa cantábrica. Aquí se encuentran los **Picos de Europa.**
- El **sistema Ibérico** está situado al este, separa la Meseta de la depresión del Ebro.
- **Sierra Morena** se encuentra al sur, separando la Meseta del valle del Guadalquivir.

Comprende, piensa...

1 Nombra los sistemas montañosos que bordean la Meseta.

2 Con ayuda de Internet, del texto y del mapa, investiga cuáles son las sierras más importantes de los sistemas Central e Ibérico.

Comprende, piensa...

3 Por parejas, localizad en el mapa estas unidades del relieve: Meseta Central, sistemas montañosos que bordean la Meseta y sistemas montañosos exteriores a la Meseta.

4 Si tuvieras que realizar un viaje en bicicleta desde el norte al sur de la Península, ¿qué ruta tomarías? Razona tu respuesta con el resto de la clase.

5 Nombra las dos grandes depresiones de la península ibérica y explica sus similitudes y sus diferencias.

Sistemas exteriores a la Meseta

Fuera de la Meseta, encontramos cinco grandes sistemas montañosos:

- El **macizo Galaico** se encuentra al noroeste de la Península.
- Los **Montes Vascos** están situados al norte.
- Los **Pirineos** se encuentran al noreste de la Península, entre Francia y España.
- La **cordillera Costero-Catalana** se sitúa al noreste de la Península.
- El **sistema Bético,** al sur de la Península, está formado por dos cordilleras: la **cordillera Penibética** y la **cordillera Subbética.**

Depresiones exteriores

Fuera de la Meseta hay dos grandes depresiones: la del Ebro y la del Guadalquivir.

- La **depresión del Ebro** es una extensa llanura de forma triangular, situada al noreste de la Península, entre el sistema Ibérico y los Pirineos. Por ella discurre el río Ebro.
- La **depresión del Guadalquivir** es una extensa llanura triangular localizada al suroeste peninsular, entre Sierra Morena y la cordillera Subbética. Por ella discurre el río Guadalquivir.

1 2 3 4 5 Paso

Preparamos la documentación y pensamos un título o eslogan para nuestro folleto.

Busca imágenes (fotografías, dibujos...) del lugar para insertarlas en tu folleto. Se las puedes pedir a algún familiar o a tu maestro o tu maestra.

1-2-4 Piensa un título o eslogan para tu folleto y escríbelo en un papel. Debe ser una frase corta, fácil de recordar y de entender que transmita de manera resumida un mensaje.

El relieve de España: la costa y las islas

Las costas de la Península

La península ibérica está bañada por el **mar Cantábrico,** el **mar Mediterráneo** y el **océano Atlántico.**

Las costas españolas se clasifican en: **cantábrica, atlántica gallega, atlántica andaluza, mediterránea andaluza** y **mediterránea del este.**

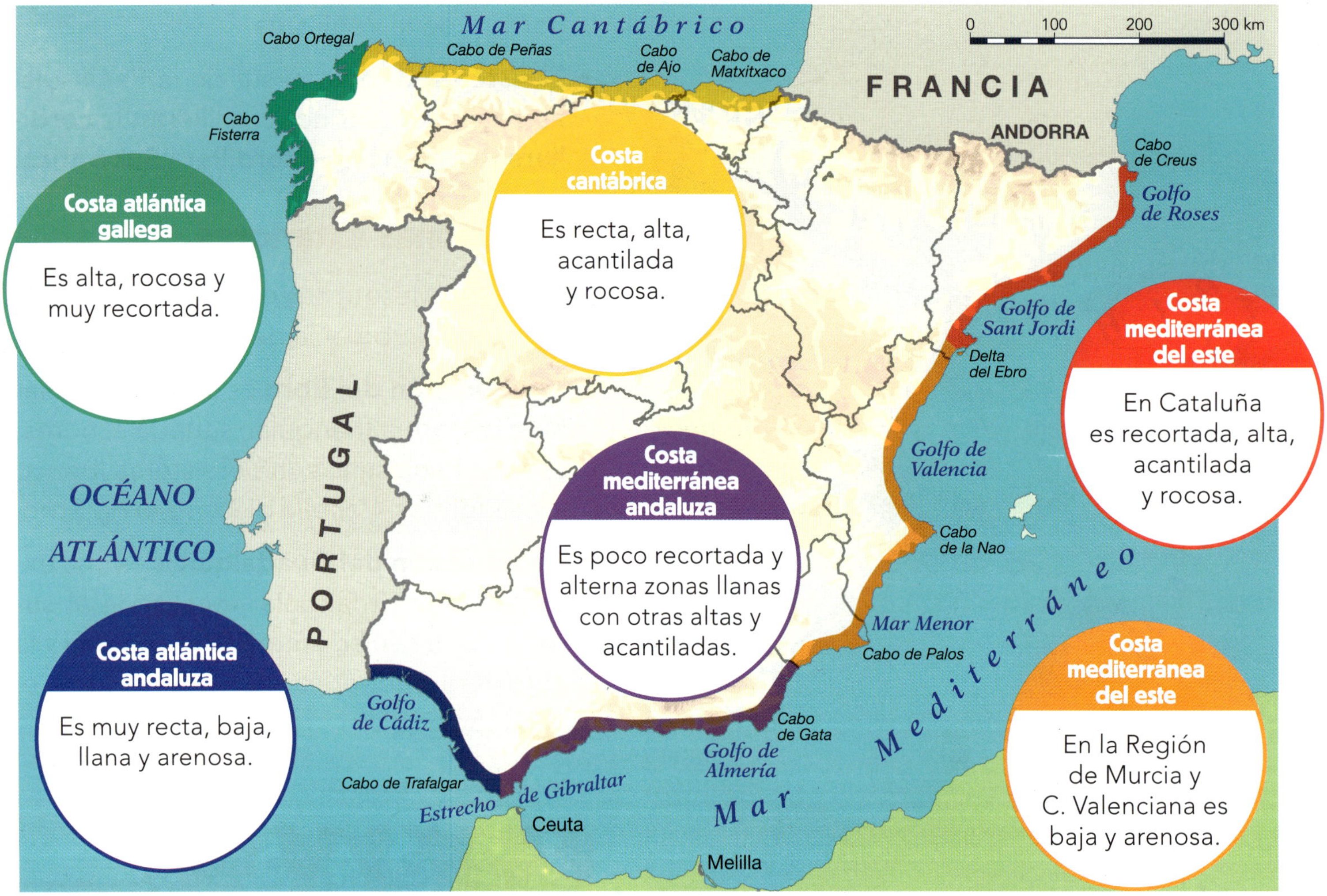

Comprende, piensa...

1 Localiza en el mapa las costas de la Península.

2 Observa el mapa; ¿qué costa se extiende entre el estrecho de Gibraltar y el cabo de Gata?

3 Cita las principales diferencias entre la costa cantábrica y la costa atlántica andaluza.

4 Analiza el mapa. ¿A qué costas pertenecen los siguientes accidentes geográficos?

– Cabos: Peñas, Gata, Creus, Trafalgar y Fisterra.

– Golfos: Bizkaia, Roses, Valencia y Almería.

– Estrecho de Gibaltrar.

El relieve de los archipiélagos

En España hay dos archipiélagos: el archipiélago de las **islas Baleares** y el archipiélago de las **islas Canarias.**

El relieve de las islas Baleares

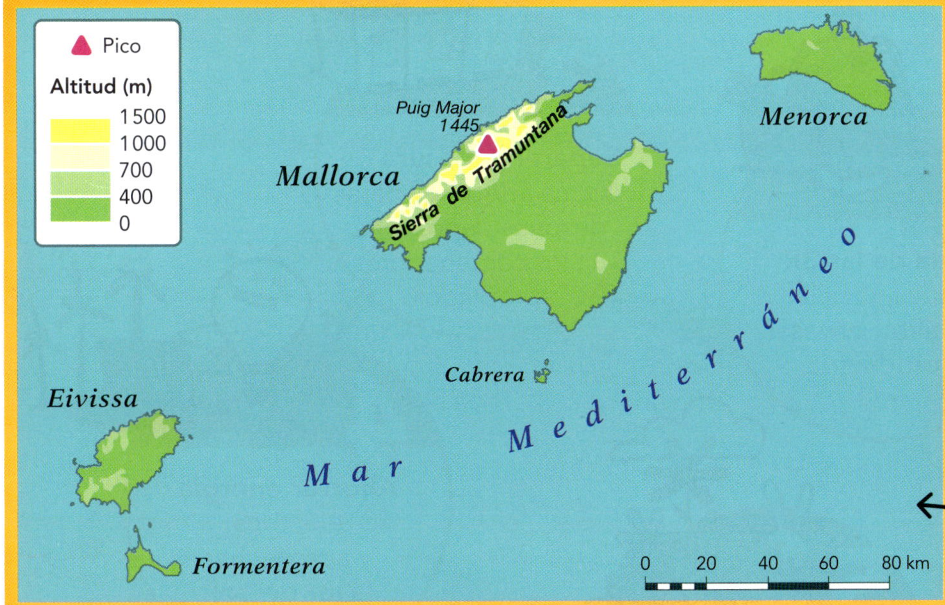

Las **islas Baleares** se encuentran en el mar Mediterráneo. Su relieve es montañoso. Destaca la sierra de **Tramuntana,** en Mallorca. Las costas son altas y recortadas.

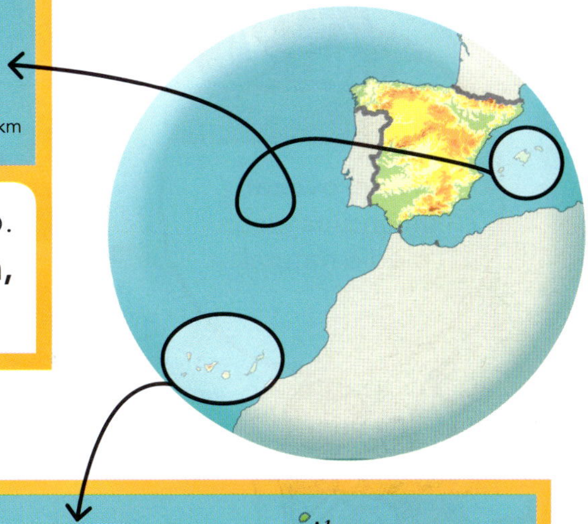

El relieve de las islas Canarias

Las **islas Canarias** se encuentran en el océano Atlántico. Su relieve es montañoso y de origen volcánico. El volcán **Teide,** en la isla de Tenerife, es la cumbre más alta de España. Las costas de las islas son altas, acantiladas y poco recortadas.

Comprende, piensa...

5 Observa los mapas y nombra las islas que componen los archipiélagos balear y canario.

1 2 3 4 Paso 5

Elaboramos nuestro folleto.

Une todos los elementos que has recopilado hasta ahora y elabora tu folleto como habías planeado. Reserva un espacio para el paso final.

Conservamos el paisaje

Para conservar nuestros paisajes naturales, debemos seguir, al menos, estas ocho normas.

1 **Ahorrar agua,** ya que se trata de un bien escaso.

2 **Regla de las 3R:** reducir, reciclar y reutilizar envases o productos.

3 **Separar la basura** de forma adecuada para después depositarla en los contenedores apropiados.

4 **Ahorrar energía** eléctrica y aprovechar la luz del sol.

5 **Respetar la vegetación y los animales** cuando salgamos al campo o a la playa.

6 **No provocar incendios** en el medio natural.

7 **No arrojar productos** químicos, aceite, plásticos u otros elementos ni al váter ni al agua.

8 **Utilizar medios de transportes** no contaminantes para desplazarnos o utilizar transportes públicos.

Comprende, piensa...

1. Reflexiona sobre las normas y explica al resto de la clase cómo contribuyes a la mejora y a la conservación del medio ambiente.
2. Desventajas e inconvenientes Busca información en Internet sobre cómo nuestras acciones dañan los paisajes.
3. Inventa señales que prohíban encender fuego, arrancar plantas, tirar basuras, etc.
4. CyR Imagina que eres un guardabosques. Explica a un grupo de excursionistas lo que deben o no deben hacer para cuidar el paisaje.

1 2 3 4 Paso 5

Redactamos acciones positivas.

En el espacio que has reservado, redacta cinco conductas positivas para cuidar el paisaje seleccionado e inclúyelas en tu folleto.

Ahora, ¡reparte tu folleto a tus familiares, compañeros y compañeras!

Organizo mi mente

Copia en tu cuaderno este mapa conceptual y complétalo con los términos que aparecen en el apartado «Colecciono palabras».

Los paisajes

Paisaje ?......

?......

Paisaje ?......

?......

Para la ?...... de los paisajes

Podemos desarrollar conductas positivas como:

- Reciclar, reutilizar y reducir.
- Respetar lo que observamos en la naturaleza cuando estamos en ella.
- Utilizar transportes menos contaminantes.

anayaeducacion.es Dispones de una versión imprimible de esta página en el apartado «Organizo mi mente» del banco de recursos.

anayaeducacion.es No olvides consultar los apartados «Para estudiar» y «Aprende jugando» en el banco de recursos.

Colecciono palabras

1 Define estos términos e incorpóralos a tu diccionario.

Paisaje de interior · Paisaje de costa · Artificial · Natural · Conservación

Qué he aprendido

1 Indica cuál de estas imágenes se corresponde con un paisaje natural. Razona tu respuesta.

2 Dibuja en tu cuaderno un paisaje donde se vean una montaña, un valle y una llanura.

3 Escribe en tu cuaderno la palabra correspondiente a cada definición:

- Conjunto de sierras alineadas.
- Parte baja de una montaña.
- Terreno plano y elevado.
- Llanura situada por debajo del terreno.

4 Teniendo en cuenta el mapa físico de España, responde a estas cuestiones:

a) ¿Cuál es la cordillera situada al sur de la península ibérica?

b) ¿Qué montes unen España con Francia?

c) ¿Qué forma del relieve separa los Pirineos del sistema Ibérico? ¿Y Sierra Morena de la cordillera Subbética?

5 El ser humano provoca cambios en el paisaje de diferentes maneras. Indica qué tipo de cambios puede producir y mediante qué actuaciones.

6 Observa el mapa e indica con qué unidad del relieve se corresponde cada número.

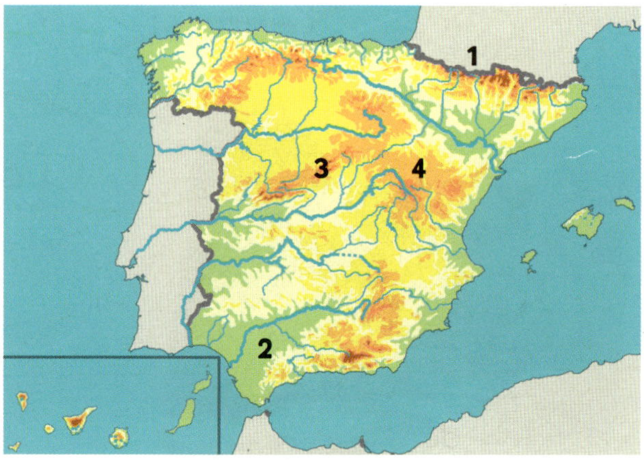

7 Nombra los dos tipos de costa que conoces. ¿Qué diferencias encuentras entre ellas?

8 Localiza en la sopa de letras los nombres de seis accidentes geográficos relacionados con el paisaje costero y de islas.

P	L	A	Y	A	G	S
A	C	R	U	I	O	C
B	D	H	C	A	L	A
A	N	I	E	P	F	B
H	I	S	T	M	O	O
I	S	D	A	T	U	B
A	C	A	N	T	I	L
B	A	D	E	D	T	A

9 Localiza la palabra intrusa. Razona tu respuesta.

cabo – bahía – golfo – cala

10 Indica en cada caso de qué archipiélago se trata:

a) En él se encuentra la sierra de Tramuntana y cuenta con abundantes calas.

b) Su relieve es montañoso, de origen volcánico y encontramos extensas playas.

Cómo he aprendido

Recuerda seleccionar el material de trabajo de esta unidad para tu portfolio.

anayaeducacion.es
Dispones de una versión imprimible de esta página en el «Portfolio» del banco de recursos.

1 Por parejas. Solicita a un compañero o compañera de clase que te ponga una calificación en las cuestiones siguientes. Haz tú lo mismo.

He tenido interés en la unidad.

He participado en clase.

He tenido ganas de aprender.

¿Crees que tiene razón? Piensa cómo podrías mejorar alguna de estas cuestiones en caso de ser necesario y coméntaselo.

2 Utiliza el semáforo para señalar lo que crees que has aprendido en cada apartado de la unidad.

Los paisajes			
Los paisajes de interior			
Los paisajes de costa			
El relieve de España: el interior			
El relieve de España: la costa			
Conservamos el paisaje			

Completa EN TU CUADERNO o en la versión imprimible

Verde = mucho; naranja = regular; rojo = poco.

3 ¿Cómo te has sentido al estudiar los contenidos de la unidad? ¿Cuál ha sido tu estado de ánimo? Exprésalo.

Entusiasmo

Alegría

Aburrimiento

Seguridad

Confusión

Agobio

anayaeducacion.es
Descubre y comparte en familia.

4 De lo que has aprendido en esta unidad, ¿crees que algo te servirá para aplicarlo a tu vida diaria? Escribe, al menos, una de esas aplicaciones.

Escribe en tu cuaderno la respuesta correcta

1 ¿Qué son y para qué sirven las escalas de los planos y los mapas?

a) Son línea rectas divididas en partes iguales que sirven para conocer las medidas reales de lo que se representa en planos o mapas.

b) Son las zonas en los planos y mapas donde se explica el significado de los símbolos o signos convencionales utilizados.

c) Son dibujos que representan a tamaño reducido lo que se ve desde arriba.

2 ¿En qué tipo de mapas podemos encontrar representados los límites de países, comunidades, provincias, capitales, etc.?

a) En los mapas físicos.

b) En los mapas políticos.

c) En los mapas temáticos.

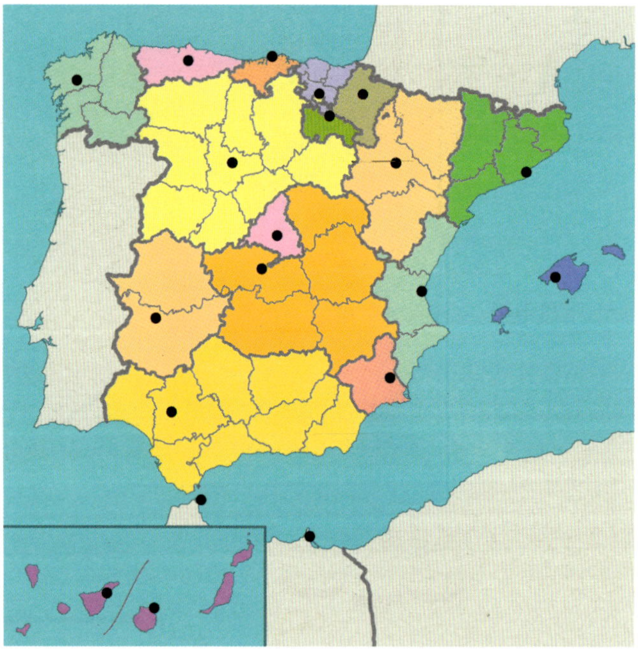

3 ¿Cómo llamamos a la línea imaginaria que divide la Tierra en dos partes: el hemisferio norte y el hemisferio sur?

a) Ecuador.

b) Eje terrestre.

c) Polo sur.

4 ¿Qué es un globo terráqueo?

a) Es un plano donde se representan todos los continentes.

b) Es un sistema de posicionamiento global que marca nuestra posición a partir de la información que recibe desde satélites que hay en el cielo.

c) Es la representación de la Tierra en una esfera.

5 ¿De qué color suelen aparecer representadas las masas de agua en los mapamundi?

a) De color marrón.

b) De color amarillo.

c) De color azul.

6 ¿Cuándo decimos que un paisaje es natural?

a) Cuando no ha sido modificado por los seres humanos.

b) Cuando ha sido modificado por los seres humanos.

c) Cuando contiene bosques, parques y fuentes públicas.

7 ¿Cuál de las siguientes causas NO es una causa natural que puede afectar a que un paisaje cambie?

a) Un terremoto.

b) La construcción de un túnel.

c) La erupción de un volcán.

8 ¿Cómo llamamos al conjunto de montañas alineadas?

a) Valle.

b) Sierra.

c) Cordillera.

9 ¿Qué es un archipiélago?

a) Un conjunto de islas cercanas entre sí.

b) Una porción de tierra rodeada de agua por todas partes.

c) Una parte de tierra que se adentra en el mar.

10 ¿Dónde situarías a los picos de Europa?

a) En Sierra Morena.

b) En el sistema Ibérico.

c) En la cordillera Cantábrica.

Resuelve en tu cuaderno estas cuestiones

11 Podemos orientarnos en un lugar de muchas maneras diferentes, como por ejemplo, usando un mapa o una brújula. Escribe otros tres ejemplos de formas de orientarnos.

12 ¿Sabrías explicar las diferencias que hay entre un golfo, una bahía y una cala?

13 Explica en qué consiste la regla de las 3R e indica por qué es bueno respetarla.

anayaeducacion.es Consulta la ficha «Usa las TIC de forma saludable III» en el banco de recursos.

3 Conocemos las aguas

Gotilla es una aventurera. Le gusta ir por todas partes, no hay lugar que se le resista. Viaja por ríos y mares. Y cada vez que puede, vuela y llega hasta las nubes.

Pero lo que más le gusta es lanzarse desde arriba. Como nunca viaja sola, tiene suerte de ir con unas compañeras que le aconsejan: «No deberías ir tan rápido, Gotilla». «Cuidado con esas rocas de ahí abajo». «Abrígate, Gotilla, que vamos a un lugar en el que hay nieve».

El caso es que no para. Siempre está moviéndose por donde hay agua, de un lugar a otro sin descanso. Hoy está disfrutando del mar.

La importancia del agua

No podemos vivir sin agua. En España pasamos por épocas en las que llueve poco durante mucho tiempo. Cuando esto ocurre decimos que hay sequía. Es necesario que cuidemos el agua y no la malgastemos. Los seres vivos dependemos de ella.

Te proponemos un reto

¿Realizarías un recorrido imaginario por los lugares en los que hay agua?

Para superar el reto... investigo y aprendo	Para demostrar que lo he superado... invento un cómic
Los estados del agua. El ciclo del agua	Paso 1: Creamos a la protagonista del cómic: una gota de agua.
Las aguas subterráneas y las superficiales	Paso 2: Dibujamos a nuestra protagonista visitando las aguas subterráneas.
Los ríos: elementos y características	Paso 3: La gota de agua se reúne con las aguas superficiales.
Los ríos de España	Paso 4: Dibujamos a nuestra gota de agua llegando a uno de los ríos estudiados.
Los usos del agua	
Otros usos del agua	Paso 5: Nuestra gota llega al mar y nos da una recomendación sobre el uso del agua.

Los estados del agua. El ciclo del agua

Los estados del agua

El agua se encuentra en la naturaleza en tres estados o formas:

Líquido	Sólido	Gaseoso
El agua se encuentra en estado líquido en los mares, ríos, lagos, embalses y pozos. Es la más abundante.	El agua se encuentra en estado sólido cuando se congela por las bajas temperaturas y se convierte en **hielo.**	El agua se encuentra en estado gaseoso cuando se calienta y se **convierte en vapor de agua.**

Los cambios de estado del agua

Debido a los cambios de temperatura, el agua puede cambiar de estado.

Fusión

Es el paso **de sólido a líquido.** Sucede cuando aplicamos calor al hielo, y este se derrite.

Evaporación

Es el paso **de líquido a gaseoso.** Sucede cuando calentamos el agua; al final se convierte en vapor de agua.

Condensación

Es el paso **de gaseoso a líquido.** Se produce cuando se enfrían las nubes, se condensan y el vapor de agua se convierte en lluvia.

Solidificación

Es el paso **de líquido a sólido.** Se produce cuando el agua se enfría por debajo de 0 °C, y se convierte en hielo.

El ciclo del agua

El agua está en constante movimiento, repartiéndose por distintos lugares del planeta. A estos movimientos y cambios del agua los denominamos **ciclo del agua.**

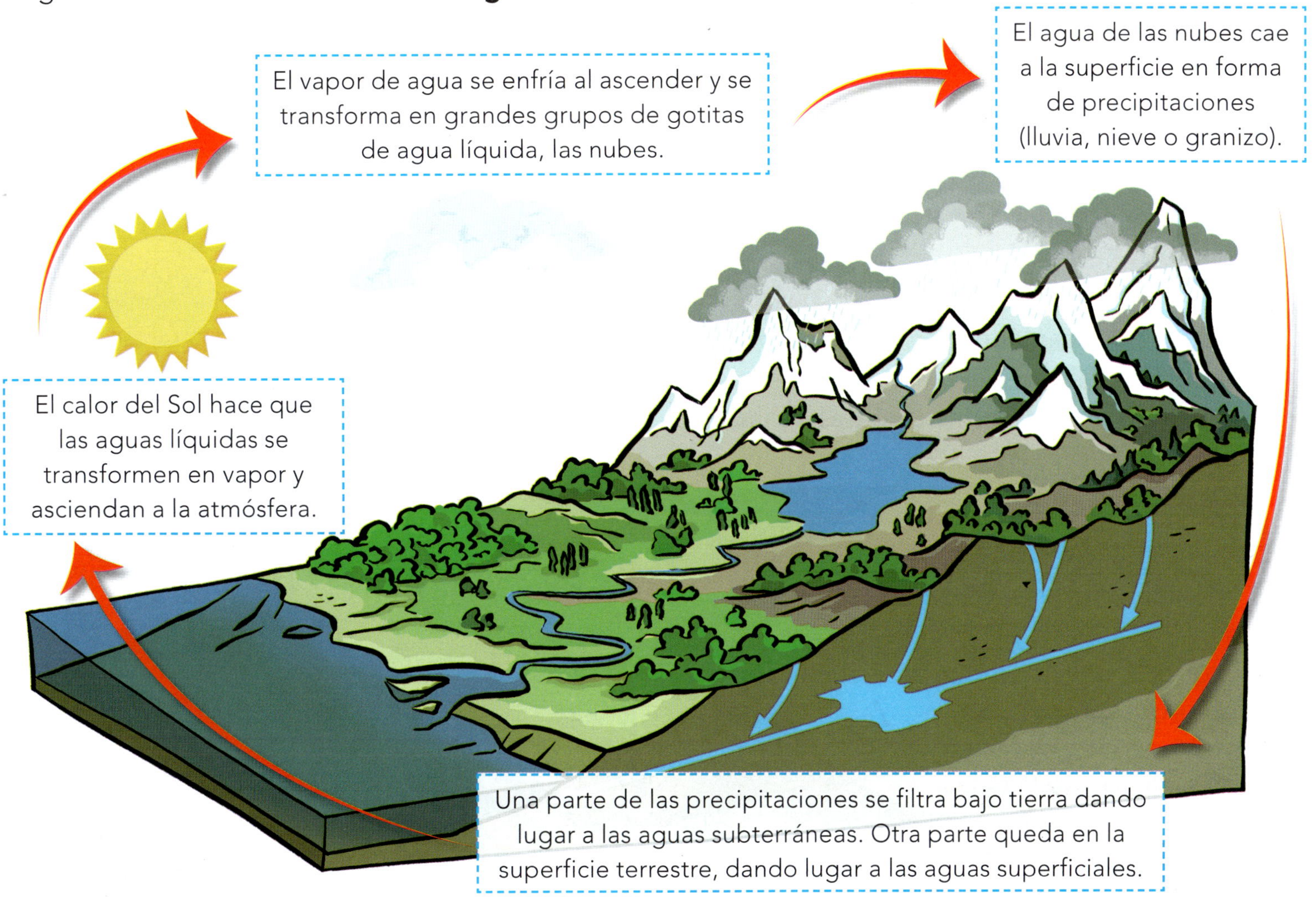

Comprende, piensa...

1. Lápices al centro ¿En qué formas se encuentra el agua en la naturaleza? Pon un ejemplo.
2. En pequeños grupos, investigad y realizad un taller sobre los diferentes estados del agua.
3. Antes pensaba, ahora pienso Debatid en grupo sobre la importancia del agua para la vida. ¿Eras consciente antes de lo importante que es el agua?
4. ¿Cómo pasa el agua del mar a la atmósfera?
5. Identifica y relaciona los diferentes cambios de estado en el ciclo del agua.

Paso 1 2 3 4 5

Creamos a la protagonista del cómic: una gota de agua.

Tu personaje será una gota de agua.

Tu gota puede ir acompañada o conocer a otras gotas de agua a lo largo de la historia. Por ejemplo, puede ser amiga de Gotilla.

Dibuja la primera viñeta de tu cómic. En ella, tu gota de agua ascenderá del mar a las nubes.

Si lo deseas, puedes introducir texto en las viñetas.

Las aguas subterráneas y las superficiales

Si observas el globo terráqueo, verás que prácticamente es de color azul. Esto es debido a que la gran mayoría de su superficie está cubierta por agua. Se denomina **hidrosfera** al conjunto de aguas del planeta Tierra: mares, océanos, ríos, lagos, lagunas, corrientes subterráneas, etc.

Las aguas de la hidrosfera pueden ser de dos tipos: subterráneas y superficiales.

Curiosidad

Casi tres cuartas partes del planeta están ocupadas por los océanos.

Las aguas subterráneas

Las **aguas subterráneas** son las aguas situadas por debajo de la superficie del suelo, se filtran a través de los espacios porosos del suelo y en las fracturas o grietas de las rocas.

Las aguas superficiales

Las **aguas superficiales** son aquellas que se encuentran sobre la superficie de la corteza terrestre. Se producen a partir de las precipitaciones, o por la salida al exterior de las aguas subterráneas.

Las aguas superficiales se pueden clasificar atendiendo a varios criterios:

1 **2** Paso 3 4 5

Dibujamos a nuestra protagonista visitando las aguas subterráneas.

Dibuja, en la segunda viñeta, a tu gota de agua deslizándose por los túneles de una cueva.

Aquí, tu gota de agua se encuentra con otras compañeras que están haciendo el mismo viaje.

Si están en movimiento o quietas

En movimiento. Es el caso de los ríos, los arroyos y otras corrientes.

Quietas. Es el caso de las aguas que forman los lagos, los embalses, las lagunas, los océanos, los mares, etc.

Si son dulces o saladas

Dulces. Son las aguas de los ríos, arroyos, lagos y lagunas; de las masas de hielo y nieve que cubren los polos y las montañas muy altas.

Saladas. Son las que forman los océanos y los mares. La mayor parte del agua del planeta es salada. Estas aguas se denominan marinas.

Comprende, piensa...

1 Explica cómo se forman las aguas subterráneas y cómo regresan a la superficie.

2 ¿Qué diferencia hay entre las aguas subterráneas y las aguas superficiales?

3 Busca el significado de la palabra *acuífero* y escríbelo en tu cuaderno.

4 Realiza un esquema sobre los tipos de aguas subterráneas y superficiales.

Los ríos: elementos y características

Los **ríos** son corrientes continuas de agua dulce formadas por el agua de la lluvia o de la nieve cuando se funde.

Los ríos nacen en zonas montañosas, atraviesan valles y llanuras, y desembocan en el mar o en otro río.

Los elementos de los ríos

Los principales elementos de un río son:

- **Nacimiento.** Lugar donde nace o brota.
- **Curso.** Recorrido que hace un río desde su nacimiento hasta su desembocadura. Puede ser **alto, medio** y **bajo.**
- **Desembocadura.** Lugar donde vierte sus aguas; puede ser al mar o a otro río.

Las características de los ríos

Las principales características de los ríos son:

- La **longitud.** Es la distancia entre el nacimiento y la desembocadura. Un río puede ser **corto** o **largo.**
- El **caudal.** Es la cantidad de agua que lleva en un lugar y un momento determinados.
- El **régimen.** Es la variación del caudal a lo largo del año. Un río puede ser **regular,** si lleva agua todo el año, o **irregular,** si no lleva agua todo el año.

El terreno por donde discurren las aguas de un río se llama **cauce.**

1 2 3 Paso 4 5

El personaje se reúne con las aguas superficiales.

Dibuja a tu gota de agua saliendo de la cueva y llegando a las aguas superficiales.

Comprende, piensa...

1 Identifica en cada una de las imágenes los tres tramos en los que se divide el curso del río.

2 ¿Qué diferencia existe entre un río y un afluente?

3 Piensa y responde:

a) ¿Cómo será el caudal de los ríos en zonas donde llueve mucho?

b) ¿Cómo será el régimen de los ríos en zonas donde las lluvias son escasas?

c) ¿En qué tramo del río la velocidad con la que corre el agua será mayor?

4 Busca en el diccionario o en Internet el significado de *torrente* y *lago*.

5 Explica a tu compañero o compañera cuáles son las principales características de un río. Después, pregúntale cómo cree que lo has explicado y en qué podías haber mejorado. ¿Estás de acuerdo con la contestación que te ha dado? ¿Valoras lo que te comenta?

Los ríos de España

Los ríos de la Península desembocan en el mar Cantábrico, en el océano Atlántico y en el mar Mediterráneo.

Los ríos que desembocan en el mar Cantábrico

Los ríos que desembocan en el mar Cantábrico son cortos, ya que nacen en montañas muy próximas al mar, y regulares.

Los principales son el **Eo,** el **Navia,** el **Nalón,** el **Besaya,** el **Nervión** y el **Bidasoa.**

Los ríos que desembocan en el océano Atlántico

La mayoría de los ríos peninsulares desembocan en el océano Atlántico, debido a que la Meseta está ligeramente inclinada hacia el oeste. Podemos distinguir dos grupos de ríos:

- Los **ríos gallegos** son cortos y regulares. Destacan el **Tambre** y el **Miño,** con su afluente el **Sil,** que nacen en la cordillera Cantábrica.
- Los **ríos que discurren por la Meseta y la depresión del Guadalquivir** son largos e irregulares. Los principales son el **Duero** y el **Tajo,** que nacen en el sistema Ibérico; el **Guadiana,** que nace en Ojos del Guadiana, y el **Guadalquivir,** que nace en la sierra de Cazorla.

En las **islas Canarias** no hay ríos permanentes. Cuando hay fuertes tormentas, el agua discurre por cauces llamados **barrancos.**

Los ríos que desembocan en el mar Mediterráneo

Los ríos que desembocan en el mar Mediterráneo se clasifican en dos grupos:

- Los **ríos de la zona sur.** Nacen en la cordillera Penibética, cerca de la costa. Los principales se encuentran en Andalucía: el **Guadalhorce,** el **Guadalfeo** y el **Almanzora.**
- Los **ríos de la zona este.** Los principales son, de sur a norte, el **Segura,** que nace en la cordillera Subbética; el **Júcar,** que nace en la serranía de Cuenca; el **Turia,** que nace en el sistema Ibérico; el **Ebro,** que nace en la cordillera Cantábrica, y el **Llobregat** y el **Ter,** que nacen en los Pirineos.

En las **islas Baleares** tampoco hay ríos permanentes. Cuando hay fuertes tormentas, el agua discurre por cauces llamados **torrentes.**

El conjunto de tierras cuyos ríos van a desembocar a un mismo mar se llama **vertiente hidrográfica**.

Curiosidad

1 2 3 4 5 Paso

Dibujamos a nuestra gota de agua llegando a uno de los ríos estudiados próximo a tu localidad.

Dibuja en un letrero de un puente el nombre del río elegido.

Comprende, piensa...

1 Comprobamos Nombra los principales ríos que desembocan en el mar Mediterráneo y en el océano Atlántico.

2 Investiga y averigua: ¿A qué se debe que los ríos españoles tengan poco caudal, su régimen sea irregular y sean relativamente cortos?

3 ¿Qué diferencias encuentras entre los ríos que desembocan en el mar Cantábrico y los que lo hacen en el mar Mediterráneo?

4 ¿Por qué no hay ríos permanentes en los archipiélagos canario y balear?

5 Con la ayuda del mapa cita algún afluente de los siguientes ríos:

Miño, Duero, Tajo, Guadiana, Guadalquivir y Ebro.

6 En grupos de cuatro o cinco personas, realizad un mural con imágenes de los diferentes ríos españoles.

Los usos del agua

El **agua** es esencial para la vida. Además de para beber, los seres humanos la utilizamos en muchas actividades.

Aunque es un recurso natural renovable que se obtiene directamente de la naturaleza, un consumo excesivo o inadecuado podría llevar a su agotamiento y ocasionar graves perjuicios. Por ello, debemos adoptar una serie de **medidas de ahorro.**

Uso público y uso doméstico

El **uso público** es el que utilizamos para limpiar las calles, en las fuentes públicas, para regar jardines y parques, para apagar fuegos, etc.

El **uso doméstico** es el que realizamos cuando bebemos o cocinamos, cuando nos aseamos, cuando lavamos los platos o la ropa, etc.

Al realizar estas actividades, debemos hacer un **consumo responsable** y adoptar algunas **medidas de ahorro:**

Lavar los platos con el grifo cerrado y utilizar poco detergente.

Usar el lavavajillas y la lavadora totalmente cargados.

Ducharse en vez de bañarse, y cerrar el grifo durante el enjabonado o el lavado del pelo.

Beber en vasos o botellas, y no directamente del grifo.

Utilizar el agua del baño para la limpieza o el inodoro.

Recoger el agua de lluvia y regar con ella las plantas. Utilizar en áreas pequeñas regaderas en vez de mangueras.

Limpiar las calles con agua reciclada.

Cerrar el grifo durante el cepillado de dientes.

Comprende, piensa...

1 Explicar el significado de la frase: «El agua es un recurso natural renovable».

2 En pequeños grupos, elaborad un listado de medidas que adoptáis en el colegio para ahorrar agua.

3 Escribe una breve historia sobre un niño o una niña que no tiene agua en su localidad y tiene que ir a buscarla a muchos kilómetros de distancia. Después, lee tu historia al resto del grupo.

4 Elegid la historia que más os haya gustado y responded: ¿Quién la protagoniza? ¿Dónde y con quién estaba? ¿Qué le ocurría? ¿Cómo finaliza la historia?

1 2 3 4 Paso 5

Nuestra gota de agua llega al mar y nos da una recomendación sobre el uso del agua.

Dibuja la última viñeta de tu cómic, tu gota de agua llega al mar. Allí te da una recomendación de cómo ahorrar agua.

Recuerda que en el ciclo del agua el viaje nunca termina, el agua está en continuo movimiento ya sea en estado líquido, sólido o gaseoso.

Una vez terminado, muestra a tu familia y a tus compañeros y compañeras el cómic que has hecho.

Otros usos del agua

El agua tiene otras utilidades aparte del consumo público y doméstico: en agricultura, en la ganadería, en la industria, para divertirnos, etc.

Comprende, piensa...

1 Busca imágenes relacionadas con los distintos usos del agua y haz un mural.

En agricultura y en ganadería

Para regar los cultivos y para dar de beber a los animales y limpiar sus cuadras o establos.

Como fuente de energía

Para producir energía eléctrica en centrales hidroeléctricas y para mover máquinas (molinos de agua, etc.).

Uso industrial

En las fábricas, en los talleres, en la construcción, en la elaboración de productos.

Como vía de comunicación

Para el transporte en barco de personas y mercancías a través de ríos, mares u océanos.

Uso recreativo y deportivo

Para practicar deportes como la natación, el waterpolo, la vela, el esquí acuático, el patinaje sobre hielo, etc., en ríos, mares, piscinas, lagos...

Organizo mi mente

anayaeducacion.es
Dispones de una versión imprimible de esta página en el apartado «Organizo mi mente» del banco de recursos.

anayaeducacion.es
No olvides consultar los apartados «Para estudiar» y «Aprende jugando» en el banco de recursos.

Copia en tu cuaderno este mapa conceptual y complétalo con los términos que aparecen en el apartado «Colecciono palabras»:

El agua

- Se puede encontrar en
  - Estado sólido
  - Estado ...... ?
  - Estado gaseoso
- Experimenta cambios
  - Paso de vapor de agua a la ...... ?
  - Formación de las nubes
  - Precipitaciones
- Puede ser
  - Subterránea
    - Acuíferos
    - Ríos subterráneos
  - ...... ?
    - Mares
    - Océanos
    - Arroyos y lagos
    - Ríos
      - Elementos
        - ...... ?
        - Curso
        - Desembocadura
      - Características
        - Longitud
        - ...... ?
        - Régimen
- Puede tener uso
  - Público
  - Doméstico
  - Otros usos
    - Agricultura y ...... ?
    - Industria
    - ...... ?
    - Vía de comunicación
    - ...... ?

Colecciono palabras

1 Define estos términos e incorpóralos a tu diccionario.

Ganadería · Atmósfera · Superficial · Caudal · Nacimiento · Fuente de energía · Líquido · Recreativo y deportivo

Qué he aprendido

1 Observa la imagen y describe todas las formas en las que se puede ver el agua.

2 Observa el dibujo y responde a las siguientes preguntas:

a) ¿Qué representa la imagen?

b) ¿Qué ocurre en cada número?

c) Debate con tus compañeros y compañeras sobre la siguiente cuestión: Los procesos numerados, ¿suceden siempre en un orden o ocurren todos a la vez en diferentes lugares?

3 Indica verdadero o falso según corresponda. A continuación, corrige las falsas.

- El curso alto del río está cerca del nacimiento de este.
- El cauce de un río es la cantidad de agua que lleva.
- Los elementos que determinan las características de un río son el relieve, el clima y el paisaje.
- El curso es la curva que forma en zonas de poca pendiente durante su recorrido.
- Los ríos que desembocan en el mar Cantábrico son caudalosos, de régimen regular y cortos.

4 Clasifica los siguientes ríos según su desembocadura: Tajo, Ebro, Guadalhorce, Turia, Segura, Navia, Duero, Nervión, Miño, Tajo, Llobregat, Guadalfeo, Júcar, Bidasoa, Guadiana y Guadalquivir.

Mar Cantábrico	
Océano Atlántico	
Mar Mediterráneo	

Copia y completa EN TU CUADERNO

5 ¿Qué diferencia hay entre los ríos que desembocan en el Atlántico según sean de la costa gallega o de la costa andaluza? ¿Y entre los del sur y el este del Mediterráneo?

6 Descubre el intruso en cada serie de ríos y explica por qué.

a) Guadalquivir – Guadalhorce – Guadalete – Guadalfeo

b) Júcar – Nalón – Llobregat – Segura

7 En un mapa físico de España, localiza y escribe los ríos más importantes de España.

8 Nombra tres usos que le damos al agua del planeta y tres medidas que podemos adoptar para ahorrar agua. Compáralas con las de tu compañero o compañera.

9 Construimos Construye una maqueta con los ríos de España y sus principales afluentes.

Cómo he aprendido

PORTFOLIO 3

Recuerda seleccionar el material de trabajo de esta unidad para tu portfolio.

anayaeducacion.es Dispones de una versión imprimible de esta página en el «Portfolio» del banco de recursos.

Completa EN TU CUADERNO o en la versión imprimible

1 Escribe en tu cuaderno algo que te ha ocurrido por primera vez a lo largo de esta unidad. Por ejemplo: he podido finalizar todas las actividades, he aprendido a hacer…, he conocido que…

2 Escribe en tu cuaderno tres palabras que no conocías y que has aprendido en la unidad.

3 Señala en tu cuaderno si ha sido difícil, ni fácil ni difícil, o fácil trabajar en:

	Verde	Naranja	Rojo
El agua y sus estados. El ciclo del agua			
Aguas subterráneas y superficiales			
Los ríos: elementos y características			
Los ríos de España			
Usos y consumo del agua			
Otros usos del agua			

Verde = fácil; naranja = ni fácil ni difícil; rojo = difícil.

Piensa cómo podrías mejorar alguna de estas cuestiones en caso de ser necesario.

4 ¿Qué has sentido estudiando los contenidos de la unidad? Marca tu estado de ánimo.

Entusiasmo | Alegría | Aburrimiento

Seguridad | Confusión | Agobio

5 Escribe en tu cuaderno al menos una frase donde digas para qué te ha servido lo aprendido en la unidad.

anayaeducacion.es Descubre y comparte en familia.

4 Un continente llamado Europa

La hermana de Míriam juega muy bien al baloncesto. Está en el equipo de su localidad y juega con sus compañeras en la liga de la provincia.

Hace poco pudieron ver un partido de la selección española en el campeonato europeo. Admiran a las jugadoras de la selección y cada vez que las ven aprenden algo nuevo sobre cómo juegan.

Estuvieron fijándose en los nombres de los países que participaban en el campeonato y se dieron cuenta de que había más de los que imaginaban. Se preguntaron entonces dónde estarían países como Letonia, Reino Unido, Rusia...

Su entrenadora les dijo que, aunque las jugadoras de estos países tengan nombres diferentes a los de aquí, tienen en común que son europeas.

¿Dónde vivimos?

Míriam y su hermana viven en una localidad de la Comunidad de Madrid. La Comunidad de Madrid está en España.
Y España está en Europa, uno de los continentes del planeta Tierra.
Míriam y su hermana son europeas.

Te proponemos un reto

¿Te animas a conocer mejor el continente en el que vives?

Para superar el reto... investigo y aprendo

- ¿Dónde está Europa?
- El mapa físico de Europa
- El mapa político de Europa
- La Unión Europea

Para demostrar que lo he superado... realizo y juego al tableuropa

Paso 1 Realizamos las tarjetas sobre la localización de Europa y coloreamos de amarillo las casillas correspondientes en el tablero.

Paso 2 Elaboramos las tarjetas sobre el relieve y coloreamos de rojo las casillas correspondientes en el tablero.

Paso 3 Confeccionamos las tarjetas sobre los países y las capitales y coloreamos de verde las casillas correspondientes en el tablero.

Paso 4 Hacemos las tarjetas sobre la UE, coloreamos de azul las casillas correspondientes en el tablero y jugamos.

¿Dónde está Europa?

La localización de Europa

Europa es un continente que se localiza en el hemisferio norte del planeta Tierra.

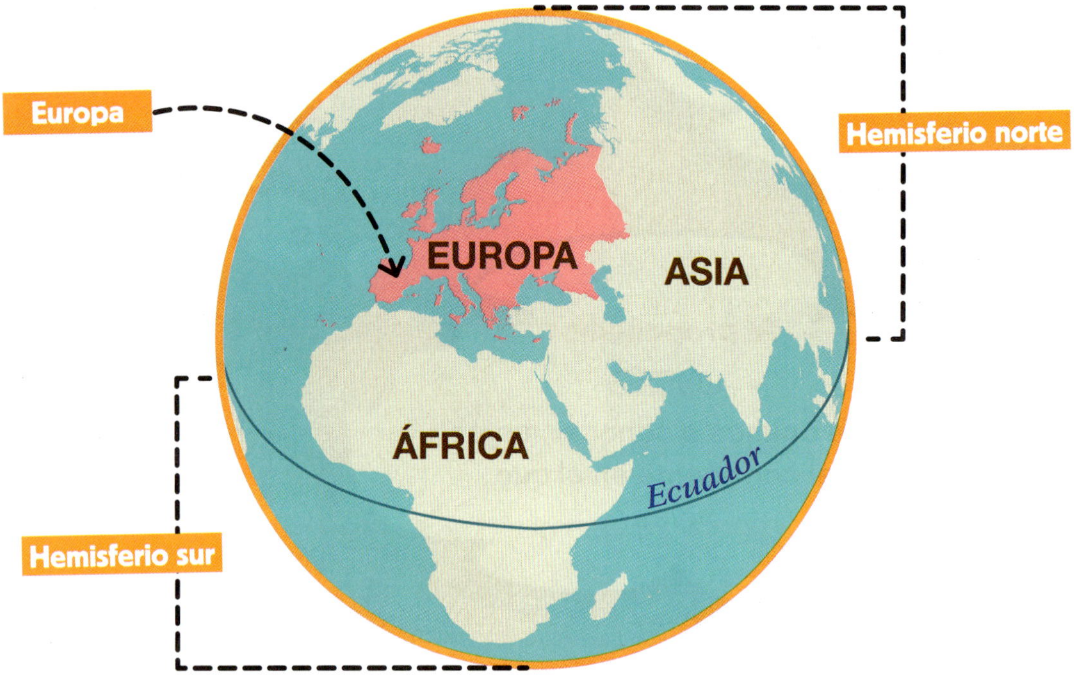

Curiosidad

Europa y Asia forman un supercontinente que recibe el nombre de **Eurasia.**

Comparado con el resto de continentes, Europa tiene un tamaño pequeño.

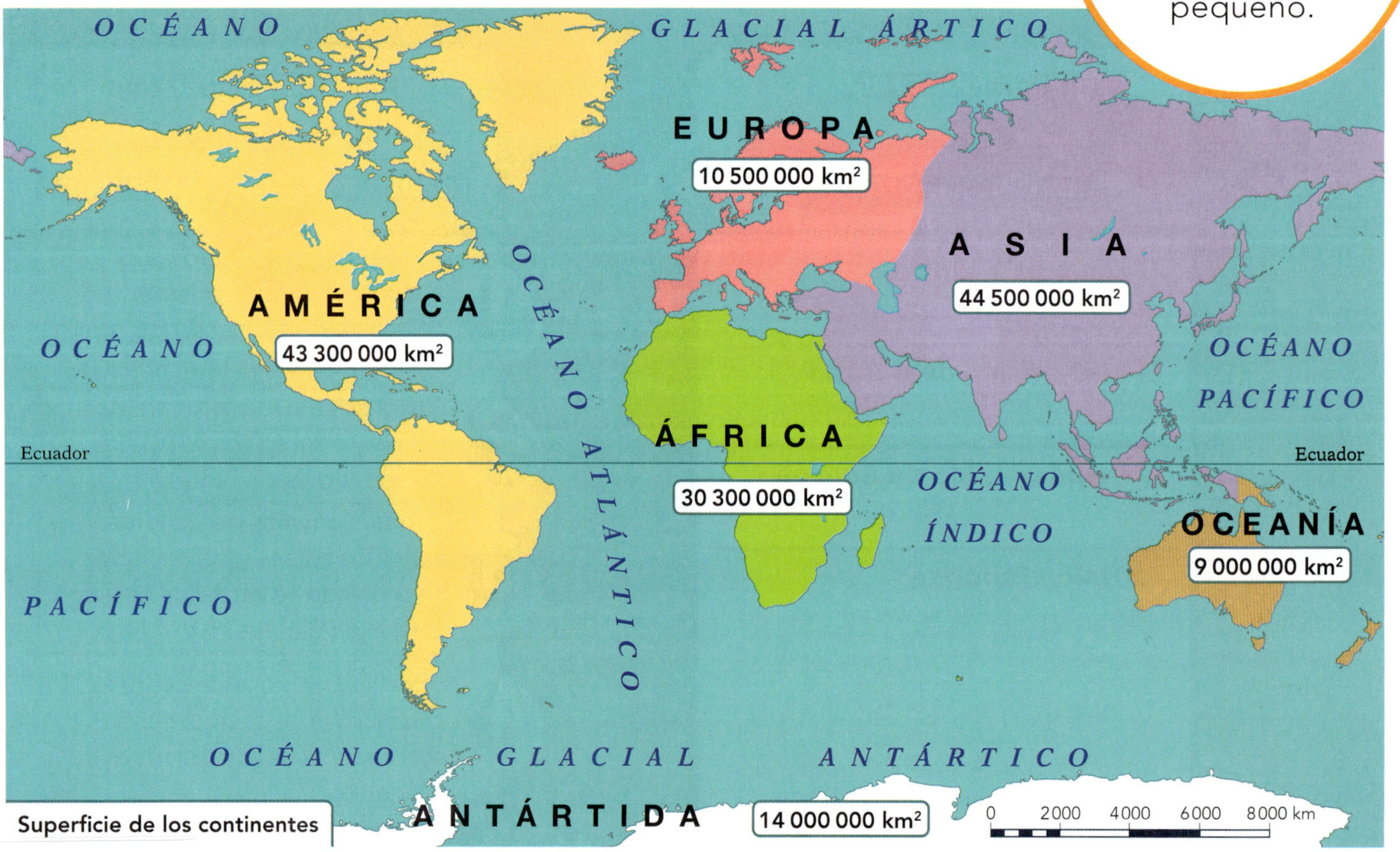

Superficie de los continentes

Los límites de Europa

Europa limita con dos océanos: el Glacial Ártico y el Atlántico; con dos mares: el Mediterráneo y el Negro, y con un continente: Asia.

1 2 3 4 Paso 1

Realizamos las tarjetas sobre la localización de Europa.

Recorta cinco tarjetas de cartulina amarilla de 15 cm de ancho y 8 cm de alto. En cada tarjeta escribe, en una cara, una de estas preguntas y su respuesta.

- ¿En qué hemisferio se localiza Europa?
- ¿Qué separa el continente europeo de África?
- ¿A qué continente se encuentra unida Europa por el este?
- ¿Qué continente es más pequeño que Europa?
- ¿Cuántos países hay en Europa?

Comprende, piensa...

1 Contestad oralmente, por parejas, a las siguientes preguntas:

- ¿En qué hemisferio se encuentra Europa?
- ¿Con qué mares y océanos limita Europa?
- ¿Con qué continente?
- ¿Qué continentes forman parte de Eurasia?

El mapa físico de Europa

Los paisajes de Europa

En Europa predominan los terrenos de escasa altitud, a veces con suaves colinas o algunos cordones montañosos. Es un continente atravesado por fértiles valles y amplias llanuras.

En el norte destacan los **montes Escandinavos** y los **montes Urales.** Son montañas antiguas, poco elevadas y de formas redondeadas.

En el sur están los **Pirineos,** los **Alpes,** los **Apeninos**, los **Cárpatos.** Son montañas jóvenes, altas y escarpadas.

En el centro se sitúa la **Gran Llanura Europea,** que se extiende desde Francia hasta los montes Urales.

Las **costas** de Europa son muy recortadas, debido a que abundan las penínsulas, los golfos y las islas.

Las aguas de Europa

Los ríos europeos son largos, y en general, regulares. Muchos de ellos se hielan durante el invierno, y algunos son tan grandes que son navegables. Destacan:

- El **Pechora** y el **Dvina Septentrional,** que desembocan en el océano **Glacial Ártico.** Son ríos largos, muy caudalosos e irregulares.
- El **Vístula, Loira, Sena** y el **Rin,** que desembocan en el océano **Atlántico.** Son ríos largos, caudalosos y regulares.
- El **Ebro** y el **Ródano,** que desembocan en el mar **Mediterráneo.** Son ríos cortos, poco caudalosos e irregulares.
- El **Dniéper** y el **Danubio**, que desembocan en el mar **Negro;** y el **Volga,** que lo hace en el mar **Caspio.** Son ríos largos, caudalosos, regulares y navegables.

Europa también cuenta con numerosos **lagos: Ladoga** y **Onega,** en Rusia; **Vänern,** en Suecia; **Sima,** en Finlandia, etc.

Comprende, piensa...

1. ¿Cómo son los terrenos que predominan en el relieve de Europa?
2. Localiza en el mapa y escribe en el cuaderno los nombres de las principales montañas y llanuras europeas.
3. Explicad en grupo qué cordilleras atravesaríais y cómo sería un viaje por tierra desde la península ibérica hasta la península balcánica.
4. Observa el mapa y nombra los ríos que desembocan en el mar Negro.

Río Danubio

1 2 3 4 Paso

Realizamos las tarjetas sobre el relieve.

Recorta cinco tarjetas de cartulina roja de 15 cm de ancho y 8 cm de alto. En cada tarjeta escribe, en una cara, una de estas preguntas y su respuesta.

- ¿Cómo son los ríos europeos?
- ¿Dónde puedes encontrar ríos helados durante el invierno?
- ¿Por dónde se extiende la Gran Llanura Europea?
- Escribe los nombres de dos países que tengan lagos importantes.
- ¿Por qué las costas de Europa son recortadas?

El mapa político de Europa

Los países de Europa

El continente europeo está formado por 50 países, 43 de los cuales son íntegramente europeos, mientras que los siete restantes están considerados como euroasiáticos por encontrarse entre los continentes de Europa y Asia.

Unos países son muy extensos, como Rusia, y otros muy pequeños, como Ciudad del Vaticano. No solo son los países más grande y más pequeño de Europa, sino también del mundo.

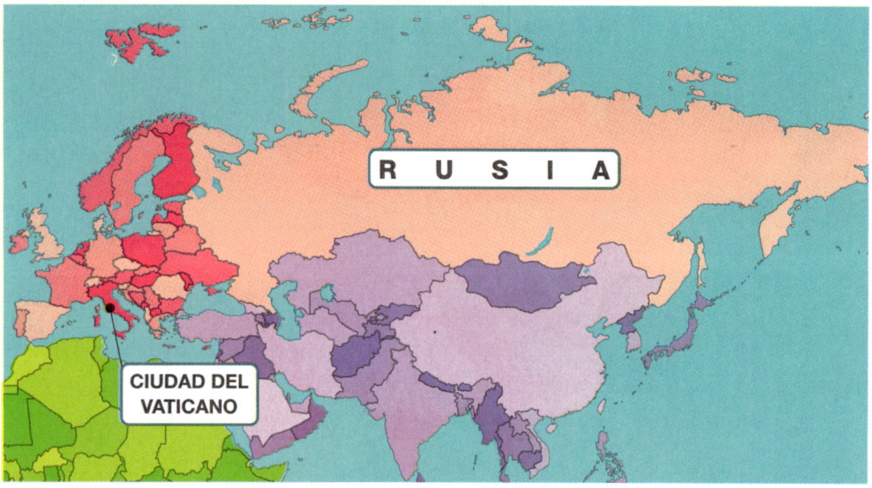

En Europa, con una extensión de más de diez millones de km^2, vivían, en 2017, unos 740 millones de habitantes.

La población europea se reparte de forma desigual por el territorio.

- Los países más poblados en encuentran en el centro del continente: Países Bajos, Bélgica, Reino Unido, Alemania, etc.
- Los países menos poblados se encuentran en el norte: Finlandia, Suecia, Estonia y Letonia.

Comprende, piensa...

1 Indica en tu cuaderno cuál es el país más grande y cuál el estado más pequeño de Europa.

2 Las alternativas Localiza en el mapa de Europa algunos de los países más poblados, siguiendo las indicaciones de tu compañero o compañera. No podrá decirte sus nombres, solo dirá el de los países próximos, su tamaño y forma.

3 Utiliza el mapa y, con la ayuda de internet, localiza y escribe los nombres de diez países europeos con sus capitales.

1 2 3 Paso 4

Realizamos las tarjetas sobre los países europeos y sus capitales.

Recorta cinco tarjetas de cartulina verde de 15 cm de ancho y 8 cm de alto. En cada tarjeta escribe, en una cara, una de estas preguntas y su respuesta.

– ¿Cuántos países componen el continente europeo?
– ¿Cuántos millones de habitantes viven, aproximadamente, en Europa?
– Nombra tres países europeos y sus capitales.
– ¿En qué zonas de Europa están los países más poblados?
– Nombra dos países que no están muy poblados.

Rusia es más grande que todos los países de Europa juntos.

Curiosidad

La Unión Europea

La Unión Europea (UE) es una asociación económica y política de países democráticos del continente europeo. Actualmente, está integrada por ~~28~~ 27 de los 50 estados que forman Europa.

Los países de la UE comparten unas normas en agricultura, transporte, pesca, comercio… y muchos de ellos utilizan la misma moneda: el **euro.**

Los casi 500 millones de personas que forman parte de la UE pueden vivir, trabajar, estudiar y moverse libremente en cualquiera de los países que la forman.

Comprende, piensa...

1 CyR · Asamblea de ideas ¿Qué ventajas crees que pueden tener las personas que forman parte de la UE? ¿Qué piensas que ocurriría si no existiese la UE?

Paso 4

Realizamos las tarjetas sobre la UE y el tablero de juego.

Recorta cinco tarjetas de cartulina azul de 15 cm de ancho y 8 cm de alto. En cada tarjeta escribe, en una cara, una de estas preguntas y su respuesta.

- ¿Cuántos países forman parte de la UE?
- ¿Cuántos millones de personas viven en la UE?
- ¿Las personas que viven en la UE pueden trabajar, vivir o estudiar en otros países de la UE?
- ¿Qué es la Unión Europea?
- ¿Qué moneda se utiliza en la Unión Europea?

Para realizar el tablero de juego necesitas:

- Una cartulina blanca de tamaño A3, sobre la que debéis dibujar un circuito como el del modelo, coloreando cada casilla con los mismos colores que utilizaste en las tarjetas.
- Un dado.
- Una ficha roja, una verde, una azul y una amarilla.
- Las 20 tarjetas elaboradas a lo largo del reto.

¿Cómo se juega?

Formad cuatro equipos y situad las tarjetas en cuatro montones correspondientes a cada color.

Cada grupo tira el dado y mueve la ficha hasta la casilla correspondiente. Un miembro de otro grupo retira una tarjeta del color de la casilla en la que se encuentra la ficha y formula la pregunta.

Si el grupo acierta, la ficha permanece en la casilla. Si falla, la ficha vuelve al punto de salida, o a la casilla donde estaba antes de tirar el dado.

El grupo que primero llega al final gana el juego.

Ya tenéis vuestro juego.
Ahora, ¡a jugar!

Organizo mi mente

Copia en tu cuaderno el siguiente esquema y complétalo con los términos que aparecen en el apartado «Colecciono palabras».

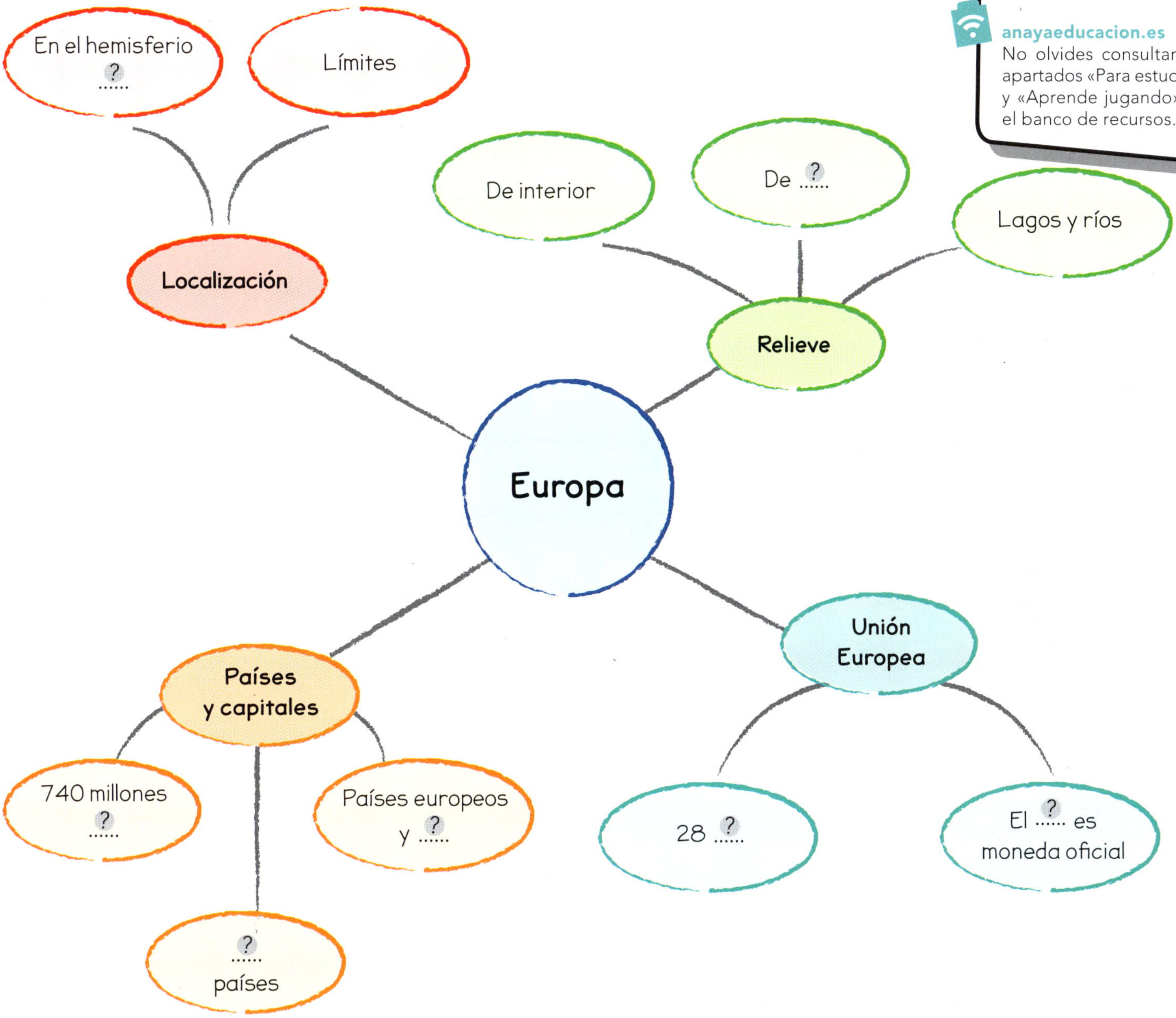

anayaeducacion.es Dispones de una versión imprimible de esta página en el apartado «Organizo mi mente» del banco de recursos.

anayaeducacion.es No olvides consultar los apartados «Para estudiar» y «Aprende jugando» en el banco de recursos.

Colecciono palabras

1 Define estos términos e incorpóralos a tu diccionario.

Estados | Euroasiáticos | Norte | de habitantes | Costa

Qué he aprendido

1 Resuelve el jeroglífico:

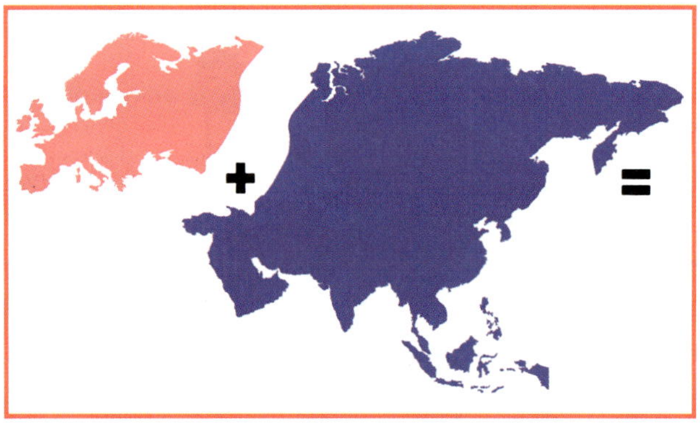

2 Localiza el continente europeo en el mapa. Copia o cálcalo en tu cuaderno y colorea todo el territorio que pertenezca a Europa.

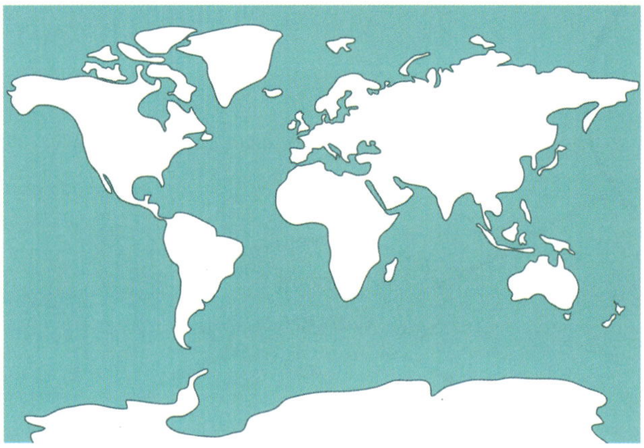

3 Escribe los nombres de los océanos y los mares con los que limita Europa al norte, al oeste y al sur.

4 Utiliza el mapa político de Europa para localizar el nombre de los países que te diga tu compañero o tu compañera.

5 Escribe el nombre de al menos cinco islas europeas. Ordena tu lista alfabéticamente según su nombre.

1. ?
2. ?
3. ?
4. ?
5. ?

6 Explica con ayuda del mapa y usando tus propias palabras cómo son las costas y el relieve de interior de Europa.

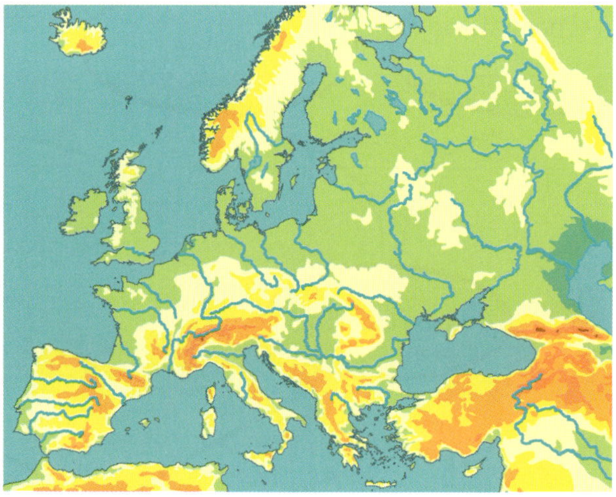

7 ¿Qué características tienen los ríos europeos que desembocan en el océano Atlántico? Copia en tu cuaderno la opción correcta y, después, nombra los más importantes.

- Son largos, muy caudalosos e irregulares.
- Son largos, caudalosos y regulares.
- Son cortos, poco caudalosos e irregulares.
- Son largos, caudalosos, regulares y navegables.

8 Responde a estas preguntas sobre la población europea:

a) ¿Cómo se reparte la población por el territorio europeo?

b) ¿Dónde se encuentran los países más poblados del continente?

c) ¿Y los países menos poblados?

9 ¿Qué es la Unión Europea?

10 ¿Cómo se llama la moneda oficial de la mayoría de países que forman parte de la Unión Europea?

11 ¿Qué ventajas piensas que tienes por pertenecer a la Unión Europea? ¿Crees que tienes alguna desventaja?

Cómo he aprendido

1 Señala en tu cuaderno si ha sido fácil, ni fácil ni difícil, o difícil, trabajar en:

Localización de Europa			
Relieve de Europa			
Países y capitales de Europa			
Unión Europea			

Verde = fácil; naranja = ni fácil ni difícil; rojo = difícil.

2 Escribe en tu cuaderno algo que te ha ocurrido por primera vez realizando esta unidad. Por ejemplo: he podido finalizar todas las actividades, he aprendido a hacer..., he averiguado que...

3 Dibuja la figura en tu cuaderno. Marca con un punto el nivel en que estás (1, 2 o 3) en cada aspecto y une los puntos al terminar.

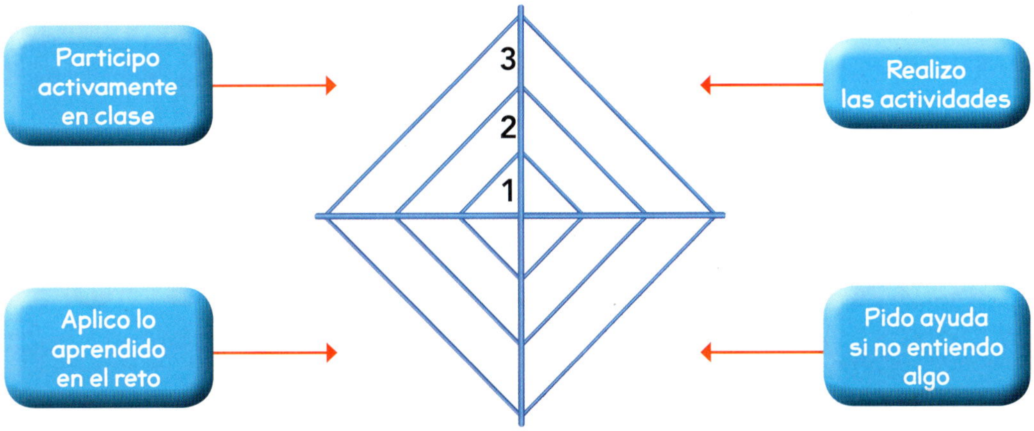

4 De lo que has aprendido en esta unidad, ¿crees que algo te servirá para aplicarlo a tu vida diaria? Escribe, al menos, una de esas aplicaciones.

PORTFOLIO 4

Recuerda seleccionar el material de trabajo de esta unidad para tu portfolio.

anayaeducacion.es
Dispones de una versión imprimible de esta página en el «Portfolio» del banco de recursos.

Completa EN TU CUADERNO o en la versión imprimible

anayaeducacion.es
Descubre y comparte en familia.

Repaso trimestral

Escribe en tu cuaderno la respuesta correcta

1 ¿Cómo llamamos a la forma invisible que toma el agua cuando se calienta, se vuelve gas y pasa a la atmósfera?

a) Agua líquida.

b) Hielo.

c) Vapor de agua.

2 ¿Qué son los ríos?

a) Son líneas rectas y curvas llenas de agua salada que desembocan en el mar.

b) Son corrientes continuas de agua dulce formadas por el agua de la lluvia o de la nieve cuando se funde.

c) Son caudales de agua que discurren de un lugar a otro.

3 ¿Cómo llamamos al lugar donde nace o brota un río?

a) Nacimiento.

b) Curso.

c) Desembocadura.

4 ¿Cuál de los siguientes ríos no desemboca en el mar Cantábrico?

a) Nervión.

b) Eo.

c) Guadalhorce.

5 ¿Cuándo le damos al agua un uso público?

a) Cuando la utilizamos para limpiar las calles, en las fuentes públicas, para regar jardines y parques, para apagar fuegos, etc.

b) Cuando la cogemos directamente de la lluvia para trasladarla a plantas potabilizadoras.

c) Cuando bebemos o cocinamos, cuando nos aseamos, cuando lavamos los platos o la ropa, etc.

6 ¿En qué lugar del planeta se localiza el continente europeo?

a) En el hemisferio norte.

b) En el ecuador.

c) En el hemisferio sur.

7 ¿Qué forma de relieve nos encontramos en el centro de Europa y se extiende desde Francia hasta los montes Urales?

a) Los Pirineos.

b) La Gran Llanura Europea.

c) Los montes Urales.

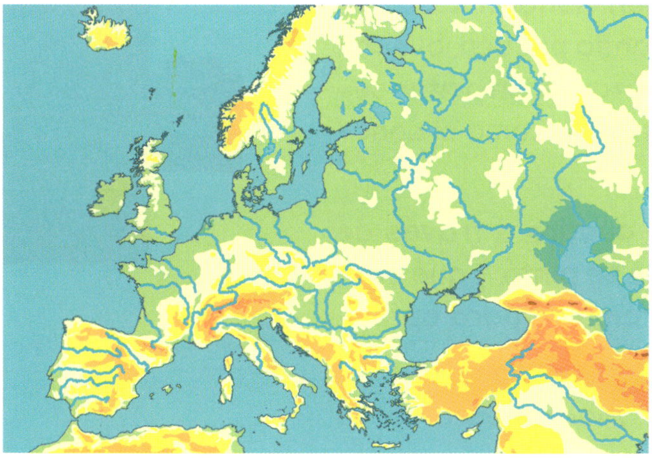

8 ¿Cuántos países forman el continente europeo?

a) 67.

b) 50.

c) 45.

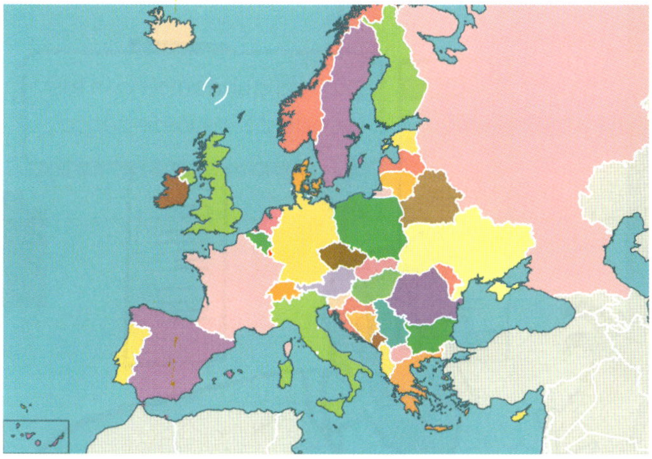

9 Indica cuál de los siguientes países es uno de los más poblados de Europa?

a) Finlandia.

b) Estonia.

c) Bélgica.

10 ¿Cómo se llama la moneda usada por muchos de los países europeos?

a) Peseta.

b) Dólar.

c) Euro.

Resuelve en tu cuaderno estas cuestiones

11 Escribe dos ejemplos de actividades que realizas en casa para ahorrar agua.

12 Copia esta tabla y complétala con los nombres de los ríos que conoces.

Ríos que desembocan en el mar Cantábrico	
Ríos que desembocan en el mar Mediterráneo	
Ríos que desembocan en el mar Atlántico	

13 Escribe los nombres de cinco países europeos que forman parte de la Unión Europea y los nombres de otros cinco países europeos que no formen parte de la UE.

14 ¿Con qué mares y océanos limita Europa?

anayaeducacion.es Consulta la ficha «Usa las TIC de forma saludable III» en el banco de recursos.

5 Cómo saber lo que ocurrió

A Pedro y a su padre les gusta la pintura. Suelen visitar museos en los que se expongan cuadros importantes. Cuando pueden, buscan información sobre ellos. Hoy le ha tocado a Velázquez, un pintor sevillano del siglo XVII que pintó cuadros muy famosos, como el conocido por el nombre de *Las meninas*.

En casa han estado viendo detalles de este cuadro a través de Internet. En un vídeo han visto dónde y cuándo se pintó, y qué personajes aparecen. El cuadro les ha servido también para aprender algo de historia.

Después han visitado el museo del Prado de Madrid para ver el cuadro real.

¿Para qué sirven los museos?

Los museos son lugares donde podemos contemplar objetos del pasado, del presente y, a veces, de lo que es posible que exista en el futuro. En muchos de ellos observamos el paso del tiempo a través de lo que nos enseñan.

Te proponemos un reto

¿Serías capaz de comprobar el paso del tiempo?

Para superar el reto... investigo y aprendo

- El paso del tiempo y la historia
- Las fuentes históricas. Las edades de la historia
- Los museos y los monumentos
- La línea del tiempo

Para demostrar que lo he superado... preparo una exposición

- Paso 1: Organizamos la exposición de objetos antiguos.
- Paso 2: Clasificamos y ponemos fecha a los objetos y los ordenamos.
- Paso 3: Realizamos la exposición para enseñar todo lo recopilado.

El paso del tiempo y la historia

El paso del tiempo

Las personas notamos el paso del tiempo porque podemos situar los acontecimientos en el pasado, el presente o el futuro.

- **Pasado:** Los sucesos ocurridos hace algún tiempo.
- **Presente:** Los hechos que están ocurriendo ahora.
- **Futuro:** Los acontecimientos que aún no han ocurrido.

Comprende, piensa...

1 Entre estas imágenes han pasado unos 700 años. ¿Qué cosas permanecen y cuáles han cambiado?

¿Qué es la historia?

La historia es el conjunto de acontecimientos que **ocurrieron en el pasado** y que deben ser recordados.

Las personas que se dedican a estudiar y a escribir la historia son los **historiadores** y las **historiadoras.**

El descubrimiento de América en 1492 es un **hecho histórico.**

El tiempo histórico

El pasado es un tiempo muy extenso. Por ello, es fundamental situar los acontecimientos en el tiempo histórico cuando estudiamos la historia. A eso se llama **datación.**

La datación utiliza distintas unidades de medida del tiempo:

Paso 1 2 3

Organizamos la exposición.

Comenta en casa que estás preparando una exposición de objetos antiguos y pregunta si hay alguno que puedas llevar al colegio. Con los objetos que se traigan se realizará la exposición.

Para datar los hechos antiguos

Dividimos el tiempo en lustros (5 años), décadas (10 años), siglos (100 años), milenios (1000 años).

Para datar los hechos recientes

Dividimos el tiempo en minutos, horas, días, semanas, meses, años.

Generalmente, el punto de referencia para medir el tiempo histórico es el nacimiento de Cristo, que se considera el inicio del año 1. Basándonos en esto, decimos que los hechos han ocurrido **antes de Cristo (a. C.)** o **después de Cristo (d. C.).**

Antes de Cristo (a. C.) | **Después de Cristo (d. C.)**

Nacimiento de Cristo

Comprende, piensa...

2 ¿A qué nos referimos cuando hablamos del pasado?

3 Las alternativas. Piensa y comenta con tu compañero o compañera cómo sería tu vida si pudieras viajar en una máquina del tiempo a otra época de la historia. ¿Cómo viajarías sin los medios de transporte actuales? Describe las cosas que harías.

4 Preparad en parejas una breve exposición de cómo ha cambiado con el paso del tiempo un objeto que utilicemos frecuentemente.

Las fuentes históricas. Las edades de la historia

Las fuentes de la historia

Las **fuentes históricas** son aquellos documentos que nos proporcionan información importante sobre el pasado y que permiten a los historiadores e historiadoras explicar lo que sucedió. Pueden ser de dos tipos:

- **Fuentes escritas:** documentos legales (leyes, contratos...), prensa escrita (periódicos, revistas...), libros, diarios, cartas personales, memorias.

Documentos legales

Cartas

Periódicos

Libros

- **Fuentes no escritas:** pueden ser gráficas (dibujos, mapas, fotografías, películas), materiales (objetos, restos de edificios...), y orales (canciones, cuentos, leyendas).

Mapas

Fotografías

Restos materiales

Comprende, piensa...

1 1-2-4 Trabaja en grupo con tus compañeros y compañeras y explica qué nuevas fuentes históricas se pueden usar hoy.

Las edades de la historia

Para estudiar mejor la historia, la dividimos en cinco periodos, llamados **edades de la historia: prehistoria, Edad Antigua, Edad Media, Edad Moderna** y **Edad Contemporánea.**

La prehistoria

Comenzó con los primeros seres humanos hace más de dos millones de años y terminó hace unos 5000 años con la invención de la escritura.

La Edad Antigua

Es el periodo comprendido entre la aparición de la escritura y la caída del imperio romano en el año 476 d. C.

La Edad Media

Es el periodo que va desde la caída del imperio romano hasta el descubrimiento de América en 1492.

La Edad Moderna

Es el periodo que abarca desde el descubrimiento de América hasta la Revolución Francesa en 1789.

La Edad Contemporánea

Va desde la Revolución Francesa hasta nuestros días. Es la edad actual.

Comprende, piensa...

2 ¿Cuál es la primera edad de la historia?

3 ¿Qué edad fue la que más duró?

4 ¿En qué edad de la historia vives tú?

1 2 Paso 3

Clasificamos y datamos los objetos y los ordenamos.

Trata de averiguar en qué fecha aproximada se utilizaban los objetos que se han traído. Puedes escribir en una tarjeta su nombre, para qué se utilizaba y la fecha aproximada.

Ordénalos por fechas, de más antiguo a más moderno, para saber cómo estarán colocados durante la exposición.

Los museos y los monumentos

Los museos

Seguramente ya has tenido la oportunidad de conocer y visitar algún museo.

Un **museo** es un lugar al servicio de la sociedad y abierto al público, que adquiere, conserva, investiga, comunica y exhibe colecciones de arte, de ciencia, etc., con fines culturales.

Los museos pueden ser de muchos tipos: de pintura, de costumbres, de un personaje importante, etc. En ellos podemos contemplar exposiciones de pintura, de objetos valiosos, de artesanía, de armas y uniformes militares...

En muchas localidades existen también **archivos** donde se guardan fuentes escritas y gráficas, y restos materiales relativos a la historia de la localidad.

En los archivos podemos encontrar leyes y otros documentos escritos antiguos relativos a la localidad, cartas y diarios de las personalidades históricas, periódicos, etc.

Los monumentos

Los **monumentos** son aquellas obras arquitectónicas o escultóricas que tienen un gran valor artístico o histórico.

Los monumentos forman parte de la historia de un lugar. En casi todas las localidades encontramos monumentos: iglesias, castillos, palacios, torres, murallas, estatuas…

La Puerta de Alcalá en Madrid

La Muralla de Ávila

Comprende, piensa…

1 En grupos de cuatro o cinco, buscad en el diccionario estas palabras y anotad su significado: *colección, conservador, restauradora, investigadora, guía, conserje, azafata, pinacoteca, monumento.*

2 Busca en Internet, o en otras fuentes, los museos de tu localidad o tu provincia. Realiza de uno de ellos, el que más te llame la atención, una ficha como esta:

Nombre del museo: ……………………

Año de fundación: ……………………

¿Qué se expone en él? ……………………

……………………

Copia y completa EN TU CUADERNO

3 Cabezas pensantes · Veo-pienso-me pregunto En grupos, investigad y describid los monumentos que aparecen representados en esta página, completando este cuadro:

Monumento	¿Cómo es?	¿Para qué sirve?	¿Qué simboliza?

Copia y completa EN TU CUADERNO

4 ¿Qué propondrías para que las personas que no tienen museos en sus localidades puedan visitar los de otros lugares?

1 2 3 Paso

Realizamos la exposición.

Llegó el momento de la exposición.

- Puedes decorar junto al resto de compañeros y compañeras algunas mesas y colocar los objetos en lugar visible. Así podrán ser vistos por las personas a las que se haya invitado a visitar la exposición.
- Si se realizan fotografías, podrían publicarse en el blog, la web o el periódico del colegio.

¡Ya tenéis la exposición!

¡Invita a tus familiares y amistades a visitarla!

Zona técnica

La línea del tiempo

A veces, los historiadores y las historiadoras para explicar cómo se van sucediendo los hechos a lo largo del tiempo recurren a un método gráfico muy útil: la **línea del tiempo.**

En una línea del tiempo se representan, por orden cronológico, los acontecimientos más destacados y la fecha en la que se han producido.

La representación gráfica de una línea del tiempo sería de este modo:

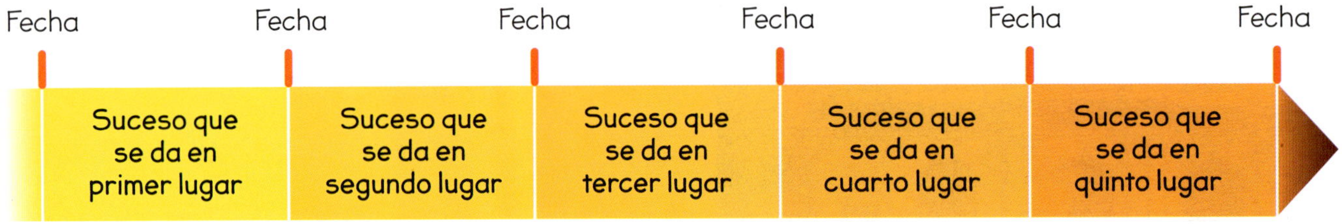

¿Cómo se hace una línea del tiempo?

Para elaborar una línea del tiempo, necesitas:

1.º Seleccionar los acontecimientos que quieras representar, e identificarlos con breves palabras.

2.º Averiguar las fechas en que sucedieron esos hechos.

3.º Situar cada acontecimiento de forma ordenada y la fecha en la que sucedió en la línea del tiempo.

Recuerda:

– Como línea del tiempo puede utilizarse una flecha; también puede hacerse con la forma de un objeto o con líneas y formas curvas.

– Además de utilizar palabras, puedes utilizar imágenes para señalar los acontecimientos.

1 Ahora elabora con tu compañero o compañera una línea del tiempo sobre los años y los cursos en los que habéis estado hasta ahora, o sobre acontecimientos en vuestro colegio o en vuestra localidad a lo largo del tiempo…

Organizo mi mente

Copia en tu cuaderno el siguiente esquema y complétalo con los términos que aparecen en el apartado «Colecciono palabras».

anayaeducacion.es
Dispones de una versión imprimible de esta página en el apartado «Organizo mi mente» del banco de recursos.

anayaeducacion.es
No olvides consultar los apartados «Para estudiar» y «Aprende jugando» en el banco de recursos.

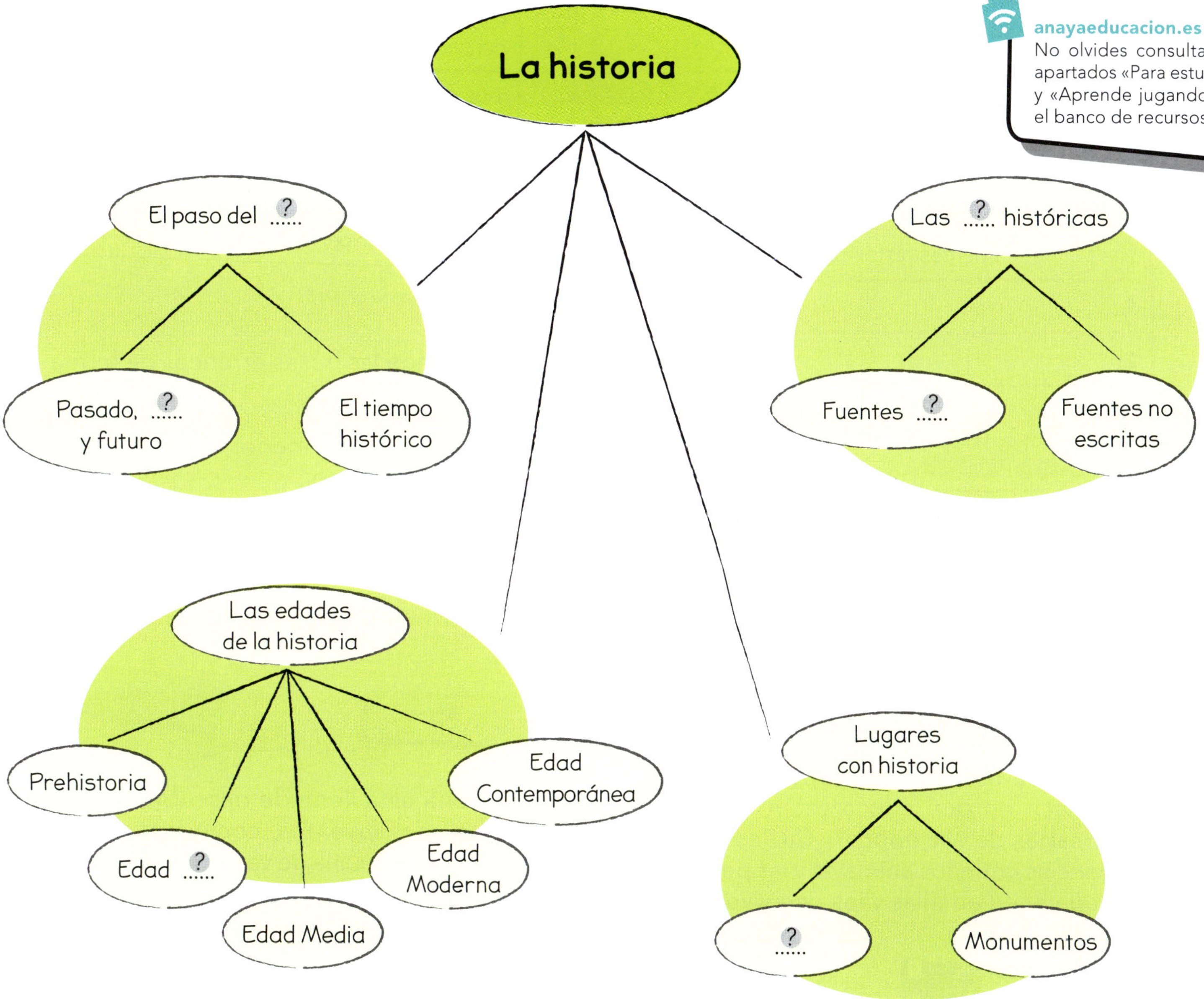

Colecciono palabras

1 Define estos términos e incorpóralos a tu diccionario.

Fuentes · Antigua · Museos · Tiempo · Escritas · Presente

Qué he aprendido

1 Completa en tu cuaderno esta definición:

La historia es el conjunto de ...?... .

2 Escribe en tu cuaderno el significado de:

a) Fuente histórica.

b) Edades de la historia.

3 Nombra cuatro ejemplos de fuentes históricas.

Fuentes históricas
1.
2.
3.
4.

EN TU CUADERNO
Copia y completa

4 ¿Qué tipo de fuente histórica es un cuadro?

5 ¿En cuántas edades se divide la historia? Nómbralas.

6 ¿En qué edad de la historia situarías a tus abuelos y abuelas?

7 Seguro que has visto estas películas. ¿Sabrías decir en qué época están basadas? ¿Qué sabes de esa época? ¿Cuáles son las diferencias entre los animales y las personas que aparecen en ellas y los que viven en la época actual?

8 Indica verdadero o falso, según corresponda:

	La década es una unidad de medida del tiempo mayor que el siglo.
	Los seres humanos primitivos vivían en castillos.
	Para conocer la historia, debemos obtener información de las fuentes históricas.
	El milenio es un periodo de mil años.

Copia y completa
EN TU CUADERNO

Ahora corrige las frases erróneas de forma que resulten correctas.

9 Ordena de mayor a menor duración estos periodos de tiempo.

Milenio — Lustro — Década — Año — Siglo

10 La historia está llena de descubrimientos y de grandes inventos, como la rueda, la imprenta, la máquina de vapor, las vacunas…

¿De qué manera los inventos han facilitado la vida de las personas?

Cómo he aprendido

PORTFOLIO 5

Recuerda seleccionar el material de trabajo de esta unidad para tu portfolio.

anayaeducacion.es Dispones de una versión imprimible de esta página en el «Portfolio» del banco de recursos.

1 Escribe en tu cuaderno lo que menos trabajo te ha costado comprender en esta unidad donde marca el termómetro como positivo. Lo que más te ha costado comprender escríbelo en el negativo.

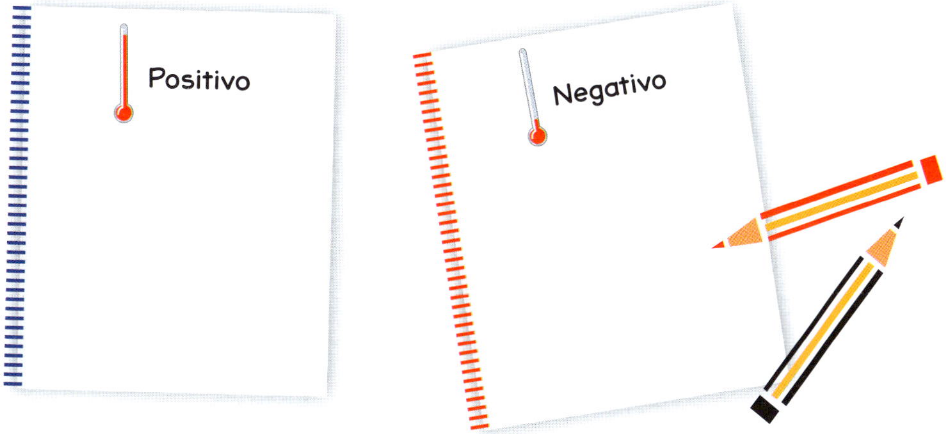

2 Compruebo. Aprendo mejor cuando:

Participo en clase			
Realizo todas las actividades			
Hago completamente el reto			
Alguien me ayuda			

(Verde = mucho; naranja = regular; rojo = poco)

3 Dibuja la figura en tu cuaderno. Marca con un punto el nivel en que estás (1, 2 o 3) en cada aspecto y une los puntos al terminar.

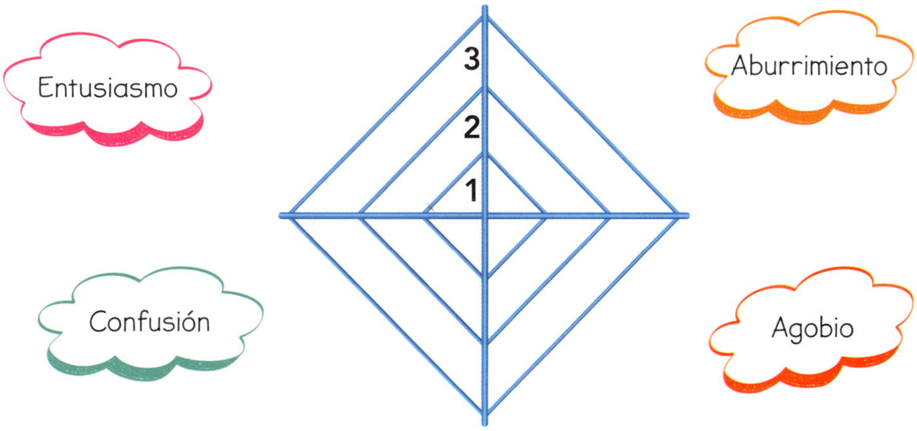

4 De lo que has aprendido en esta unidad, ¿crees que algo te servirá para aplicarlo a tu vida diaria? Escribe, al menos, una de esas aplicaciones.

anayaeducacion.es Descubre y comparte en familia.

6 ¡Qué ocurrió en el pasado?

Diana ha visitado una cueva que tenía pinturas rupestres. En su interior aparecían figuras de animales, de mujeres y hombres con arcos y flechas. Le han explicado que aquellas personas prehistóricas fueron capaces de inventar esos objetos de caza y otros utensilios, como el arado, y de confeccionar sus vestidos. Supo entonces que en cada edad de la historia se han creado inventos para mejorar la vida de las personas.

Tras la visita, Diana se animó y pensó que quería ser inventora. Como no le gusta madrugar, enseguida pensó que podría inventar la «Máquina para no madrugar». Pero ya ha comprobado lo difícil que es imaginar y diseñar un invento. Sin embargo, está convencida de que algún día lo conseguirá.

¿Por qué imaginamos nuevos inventos?

¿Has pensado que la goma de borrar, la bombilla o el teléfono móvil no existían hasta que alguien los inventó? Muchos de estos objetos están entre nosotros gracias a personas que tuvieron una buena idea y la convirtieron en realidad.

Te proponemos un reto

¿Serías capaz de averiguar cuándo se hicieron algunos inventos?

Para superar el reto... investigo y aprendo

- La prehistoria
- La Edad Antigua
- La Edad Media
- La Edad Moderna
- La Edad Contemporánea
- Las edades en una línea del tiempo

Para demostrar que lo he superado... realizo el juego de los inventos

- Paso 1: Realizamos las tarjetas sobre inventos de la prehistoria.
- Paso 2: Elaboramos las tarjetas sobre inventos de la Edad Antigua.
- Paso 3: Realizamos las tarjetas sobre inventos de la Edad Media.
- Paso 4: Confeccionamos las tarjetas sobre inventos de la Edad Moderna.
- Paso 5: Preparamos las tarjetas sobre inventos de la Edad Contemporánea y jugamos.

La prehistoria

¿Cuándo empieza y cuándo termina?

La **prehistoria** es el periodo de la humanidad que comienza con los primeros seres humanos, hace unos dos millones de años, y termina cuando nuestros antepasados empezaron a usar la escritura, entre el año 3000 a. C. y el 500 a. C.

Curiosidad

Como no existen documentos escritos de la prehistoria, su estudio depende de los restos humanos y utensilios conservados.

¿Qué ocurrió?

La prehistoria se divide en tres grandes etapas: **Paleolítico, Neolítico** y **Edad de los Metales.**

El Paleolítico

Dura desde hace unos 2 millones de años hasta hace unos 12 000 años. Los seres humanos vivían en **cuevas** o en **chozas,** en grupos de 20 o 30 personas.

Se alimentaban de la **caza,** de la **pesca** y de la **recolección** de frutos silvestres. Aprendieron a encender **fuego** y a elaborar **herramientas** y **armas** con piedras, huesos o madera.

El Neolítico

Dura desde hace 12 000 años hasta hace 6000 años. Se empezó a practicar la **agricultura** y la **ganadería,** lo que permitió vivir ya en **aldeas** o **poblados fijos.**

Inventaron la **cerámica,** los tejidos de lana y de fibras vegetales, la **rueda,** el arado, el barco con vela.

Paso 1 2 3 4 5

Realizamos las tarjetas sobre inventos en la prehistoria.

Peticiones del oyente Vamos a preparar el juego de los inventos. A medida que vayas estudiando cada edad de la historia, se irán elaborando las tarjetas (el juego se prepara en grupos de cuatro o cinco personas):

- Utiliza tarjetas de color claro recortadas con un tamaño de 16 cm de alto y 11 cm de ancho (del mismo color).
- Pegarás en la parte de arriba de cada tarjeta una imagen o dibujo hecho por ti del invento que hayas seleccionado.
- Debajo escribirás la edad en la que se inventó y el año, si lo conoces.
- Completarás la tarjeta con cinco palabras que sirvan para describirlo.

Y, ahora ya, investiga sobre los inventos de la prehistoria, realiza las tres primeras tarjetas y las metes en un sobre postal de tamaño normal.

Comprende, piensa...

1 ¿Qué descubrimiento supuso el final de la prehistoria y el comienzo de la historia?

2 ¿En qué etapas se divide la prehistoria?

3 ¿Cuál es el periodo más largo de la prehistoria?

4 Relaciona cada hecho con la etapa de la prehistoria correspondiente.

Hechos	Paleolítico	Neolítico	Edad de los Metales
Se aprendió a encender el fuego			
Descubrimiento de la agricultura y de la ganadería			
Uso de la cerámica			
Construcción de viviendas			
Ciudades amuralladas			

Copia y completa EN TU CUADERNO

La Edad Antigua

¿Cuándo empieza y cuándo termina?

La **Edad Antigua** es el periodo que abarca desde la invención de la **escritura,** unos 3000 años antes de Cristo, hasta la caída del imperio romano en el año 476 después de Cristo.

¿Qué ocurrió?

En esta época se desarrollaron las primeras civilizaciones y los primeros Estados. Surgieron nuevas religiones y aparecieron las primeras monedas.

Comprende, piensa...

1 La pregunta Imagina que eres tú quien pregunta. Escribe dos preguntas sobre la escritura tras lo aprendido.

2 1-2-4 Razona por qué las civilizaciones antiguas se desarrollaron cerca de los ríos.

3 Imagina que no conociésemos la escritura. Describe otras formas de comunicación entre las personas.

Pirámide y esfinge de Egipto

Antiguas civilizaciones

En la Edad Antigua se desarrollaron las primeras **grandes civilizaciones:** Mesopotamia, Egipto, China e India, Grecia y Roma. Todas ellas se desarrollaron muy cerca de grandes ríos que permitieron la agricultura. Las conocemos, sobre todo, por los restos escritos.

Surgen los Estados y las religiones

Los **nuevos Estados** fueron dirigidos por reyes que poseían enormes riquezas y que controlaban a un gran número de campesinos, artesanos, militares y **esclavos.** En estos Estados aparecieron distintas **religiones;** muchas de ellas adoraban a varios dioses y diosas.

Escena de esclavos griegos

Moneda fenicia

Desarrollo comercial y artístico

El **comercio** entre los diferentes Estados permitió la aparición de las primeras **monedas.** El **desarrollo cultural y artístico** que se produjo favoreció la construcción de grandes edificios o monumentos y el desarrollo de la pintura y la escultura.

El imperio romano

Durante la Edad Antigua fue especialmente importante para Europa la formación del imperio romano, que se extendió por un gran territorio. Su lengua, el **latín,** y una amplia red de caminos, llamados **calzadas** sirvió para unificarlo.

La península ibérica recibió entonces el nombre de **Hispania.**

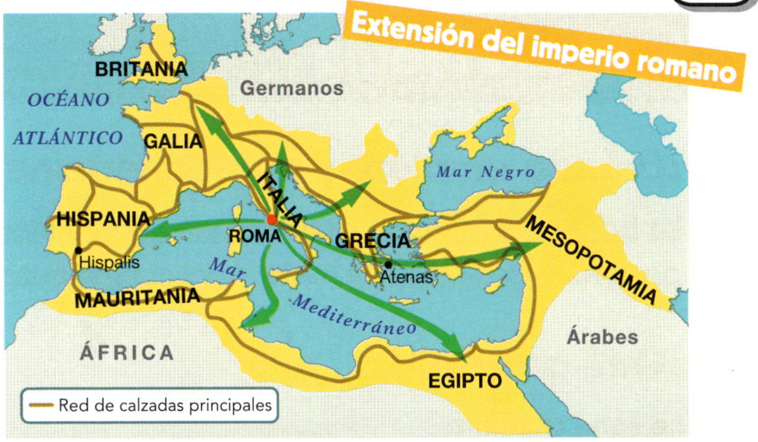

Comprende, piensa...

4 Escucha la grabación sobre el imperio romano y responde a las siguientes preguntas:

a) Escribe el nombre de dos países en los que se hable una lengua que proceda del latín.

b) Escribe el nombre de un edificio al que los romanos fueran a disfrutar de algún espectáculo.

c) ¿Cómo se llaman los caminos que se construyeron en el imperio romano? ¿Hay algo construido en la actualidad que sirva para transportar personas y mercancías?

1 **2** Paso 3 4 5

Elaboramos las tarjetas sobre inventos en la Edad Antigua.

Investiga sobre los inventos de la Edad Antigua y confecciona tres tarjetas de la misma forma que en el paso anterior. Métetelas en el sobre.

anayaeducacion.es Consulta la audición sobre «El imperio romano» del banco de recursos.

La Edad Media

¿Cuándo empieza y cuándo termina?

La **Edad Media** es el periodo que abarca desde la caída del imperio romano (476 d. C.) hasta el descubrimiento de América (1492).

¿Qué ocurrió?

La zona cristiana

Durante la Edad Media, diversos pueblos bárbaros del norte de Europa **invadieron el imperio romano,** y se hicieron con el poder. En España se asentaron los suevos y los visigodos.

La sociedad se dividía en dos grupos, **privilegiados** y **no privilegiados,** que formaban distintos estamentos: por un lado, el **rey,** sus **nobles** y los **clérigos** y, por otro, el **pueblo llano.**

El rey y la nobleza

El rey (o la reina), la nobleza y el alto clero eran los dueños de las tierras, dirigían los ejércitos y gobernaban sobre el pueblo llano.

El clero

Dedicaban su vida al estudio, a la oración y a la enseñanza de la religión y dirigían sus monasterios y sus tierras.

El pueblo llano

Era un grupo muy variado y numeroso. Trabajaban las tierras de los reyes, de la nobleza y del clero.

La zona musulmana

En el siglo VII nació en **Arabia** una nueva religión, el **islam,** predicada por Mahoma. En menos de un siglo, sus seguidores, los **musulmanes,** la extendieron por un amplio territorio, llegando también a la península ibérica, a la que llamaron **Al-Andalus.**

La sociedad y la cultura islámica pervivió en nuestro país durante 800 años; pero aún perdura su legado cultural.

El legado de la Edad Media

Durante la Edad Media, se crearon en Europa las **primeras universidades,** surgieron distintas **lenguas** (francés, castellano, italiano, etc.) y se formaron los primeros **ayuntamientos** y **parlamentos.** También se inventó la **imprenta,** lo que permitió que los libros pudieran llegar a más personas.

1 2 3 Paso 4 5

Hacemos las tarjetas sobre inventos en la Edad Media.

Investiga sobre los inventos de la Edad Media y elabora tres tarjetas. Después, mételas en el sobre correspondiente.

Comprende, piensa...

1 Completa estas frases en tu cuaderno.

– Los bárbaros que se asentaron en España fueron los ?.......

– La religión musulmana se llama ?.......

– La época musulmana en España duró ?...... años.

2 Observa el mapa del territorio musulmán y responde oralmente. ¿Qué nombre daban estos a la península ibérica?

La Edad Moderna

¿Cuándo empieza y cuándo termina?

La **Edad Moderna** es el periodo que va desde el descubrimiento de América (1492) hasta la Revolución Francesa (1789).

¿Qué ocurrió?

Una época de grandes descubrimientos

Durante la Edad Moderna, los reyes europeos fueron teniendo cada vez **más poder.** Estos mismos reyes comenzaron a organizar **viajes** a todos los continentes, con el fin de descubrir y conquistar nuevas tierras, obtener oro, etc.

Fue en la Edad Moderna cuando el **estudio de la naturaleza, del ser humano y de la historia** llegó a tener una gran importancia. En estos siglos se escribieron numerosos libros sobre matemáticas, arte, política, filosofía.

Microscopio

Telescopio

Los descubrimientos científicos

Copérnico descubrió que la Tierra giraba alrededor del Sol, y no al contrario, como se creía; **Galileo** inventó el telescopio; **Newton** descubrió la ley de la gravedad.

Máquina de vapor

Carabela

Los descubrimientos geográficos

La época de los grandes descubrimientos empezó con los viajes de Cristóbal Colón a América. Se dio comienzo al descubrimiento y conquista de nuevas tierras para la obtención de metales preciosos.

Mapa de nuevas tierras

La formación de España

En el siglo XV, los **Reyes Católicos** unificaron bajo su corona, y para sus herederos, casi todos los territorios que hoy conforman España.

En el siglo XVI, el rey **Carlos I** y después su hijo, **Felipe II,** formaron un amplio imperio, que en Europa se mantuvo hasta el siglo XVII, no así en América. En 1561 Madrid fue designada la capital de España por Felipe II.

La presencia de España en el mundo fue muy importante durante toda la Edad Moderna.

Territorios de la monarquía de Felipe II

Rumbo a nuevas tierras

Comprende, piensa...

1. ¿Por qué los reyes europeos de la Edad Moderna favorecieron los viajes de descubrimiento?
2. Investiga quiénes eran los Reyes Católicos y escribe sus nombres en tu cuaderno.
3. Imagina que Copérnico, Colón y Galileo están juntos y hablan el mismo idioma. Inventa y escribe un breve diálogo entre ellos.

1 2 3 4 Paso 5

Elaboramos las tarjetas sobre inventos en la Edad Moderna.

Investiga sobre los inventos de la Edad Moderna y haz tres tarjetas. Mételas en el sobre.

La Edad Contemporánea

¿Cuándo empieza y cuándo termina?

La **Edad Contemporánea** es el periodo de tiempo que va desde la Revolución Francesa de 1789 hasta nuestros días.

Una época de grandes contrastes

Durante la Edad Contemporánea se han producido grandes avances, pero también grandes calamidades:

Revoluciones

Se produjeron tres grandes revoluciones: la revolución política (Revolución Francesa), la Revolución Industrial y la revolución científico-tecnológica.

Guerras contemporáneas

Muchos países pasaron a tener **gobiernos democráticos**. Pero también se han producido las dos guerras más grandes de la historia: la **Primera Guerra Mundial** y la **Segunda Guerra Mundial**.

Avances

Está siendo la etapa de la historia con los mayores **avances científicos, industriales y culturales.** De esta edad son la invención de nuevas máquinas y aparatos (automóviles, aviones, ferrocarriles, naves espaciales...), el descubrimiento de nuevas fuentes de energía (atómica, eólica, solar...), además de avances en las telecomunicaciones (teléfonos, Internet, ordenadores, tabletas...) y en la medicina (vacunas...).

Comprende, piensa...

1 Si tuvieras el poder de decidir, ¿qué propondrías para que no hubiese conflictos en el mundo?

2 ¿Qué beneficios y qué inconvenientes han traído los inventos de la Edad Contemporánea? ¿Qué han cambiado en la vida de las personas?

3 De los inventos de la Edad Contemporánea, ¿cuáles crees que son los más importantes en tu vida? ¿Qué crees que pasaría si no estuviesen?

4 Observa las ilustraciones de esta doble página, ¿cuál de ellas te ha llamado más la atención?, ¿por qué?

Peligros actuales

Existe el peligro de las **armas nucleares** y el **terrorismo**, que pueden hacer más inseguras nuestras vidas.

Mujer

A partir del siglo XX, las mujeres lograron que se comenzaran a crear leyes que eliminaban algunas discriminaciones hacia ellas en la sociedad y en el trabajo.

Paso 1 2 3 4 5

Realizamos las tarjetas sobre inventos en la Edad Contemporánea y ¡jugamos!

Investiga sobre los inventos de la Edad Contemporánea y realiza las tres últimas tarjetas.

Ya tenemos completado el sobre con las quince fichas de otros tantos inventos.

Y, ahora ya, vamos a jugar al juego de los inventos.

¿Cómo se juega?

– Alguien del grupo extrae una tarjeta del sobre. Solo la ven él o ella y un compañero o compañera que estará a su lado. Tendrá que explicar al resto del grupo cómo es el invento que hay en la imagen sin nombrarlo ni decir ninguna de las palabras que aparecen en la tarjeta. Los demás tendrán que adivinar de qué invento se trata.

– Si al hacer la descripción dice alguna palabra de las escritas, el compañero o la compañera que está al lado viendo la tarjeta da dos palmadas. Si esto ocurre, el compañero o la compañera coge la tarjeta y continúa describiendo la imagen. Se va cambiando el turno cada vez que se diga una palabra escrita en la tarjeta. Participarán todas las personas que componen cada grupo.

– Si no se adivina fácilmente, se puede dar una pista. Por ejemplo, decir el periodo o la edad en el que tuvo lugar el invento.

¡Ya podemos jugar!

¡Reto conseguido!

Las edades en una línea del tiempo

Podemos reflejar en una línea del tiempo los sucesos más relevantes de las edades de la historia.

Los primeros seres humanos vivían en cuevas y chozas.

Primeras aldeas y descubrimiento de la agricultura y la ganadería.

Uso de los metales y aparición de las primeras ciudades.

Se desarrollaron las primeras grandes civilizaciones.

Se construyeron grandes catedrales y aparecieron los primeros parlamentos y universidades.

Se produjeron grandes descubrimientos científicos y geográficos.

Época de grandes revoluciones y de desarrollo.

Un mundo interconectado.

Organizo mi mente

anayaeducacion.es
Dispones de una versión imprimible de esta página en el apartado «Organizo mi mente» del banco de recursos.

anayaeducacion.es
No olvides consultar los apartados «Para estudiar» y «Aprende jugando» en el banco de recursos.

Copia y completa en tu cuaderno el siguiente esquema con los términos que aparecen en el apartado «Colecciono palabras».

Las edades de la historia

son

- **? ......** — dividida en
  - Paleolítico
  - Neolítico
  - Edad de los ? ......
- **Edad Antigua** — se caracterizó por
  - Aparición de la ? ......
  - Desarrollo de grandes Estados
  - Aparición de la ? ...... y del comercio
  - Desarrollo cultural y artístico
- **Edad Media** — se caracterizó por
  - Sociedad de estamentos
  - Nueva religión: el islam
  - Primeras universidades
  - Nacieron distintas lenguas
- **Edad Moderna** — se caracterizó por
  - Descubrimiento de ? ......
  - Reyes con más poder
  - Expediciones a todos los continentes
  - Estudio de la naturaleza, del ser humano y de la historia.
- **Edad ? ......** — se ha caracterizado por
  - ? ...... Francesa
  - Gobiernos ? ......
  - Primera y Segunda ? ...... Mundial
  - Avances sociales

Colecciono palabras

1 Define estos términos e incorpóralos a tu diccionario.

Contemporánea · América · Prehistoria · Guerra · Metales · Revolución · Democráticos · Escritura · Moneda

Qué he aprendido

1 Cuenta con tu compañero o compañera y explicad oralmente en qué partes se divide la prehistoria.

2 ¿Cuál es el descubrimiento más importante del Neolítico?

3 ¿Qué edad comienza con la invención de la escritura?

4 Nombra el imperio más importante de Europa durante la Edad Antigua.

5 En Europa, durante la Edad Media, la sociedad estaba formada por numerosos estamentos, ¿podrías decir en qué dos grandes grupos los podríamos resumir?

6 Nombra los estamentos que componían el grupo de los privilegiados de la Edad Media.

7 ¿Qué continente se descubrió en la época de los grandes descubrimientos?

8 Nombra las tres grandes revoluciones de la Edad Contemporánea.

9 Haz un listado con los principales inventos de la Edad Contemporánea.

10 Elabora una línea del tiempo con las edades de la historia.

Cómo he aprendido

PORTFOLIO 6

Recuerda seleccionar el material de trabajo de esta unidad para tu portfolio.

anayaeducacion.es Dispones de una versión imprimible de esta página en el «Portfolio» del banco de recursos.

Completa EN TU CUADERNO o en la versión imprimible

1 Señala en tu cuaderno si ha sido fácil, ni fácil ni difícil, o difícil trabajar en:

Prehistoria			
Edad Antigua			
Edad Media			
Edad Moderna			
Edad Contemporánea			

Verde = fácil; naranja = ni fácil ni difícil; rojo = difícil.

2 Escribe en tu cuaderno algo que te ha ocurrido por primera vez al estudiar esta unidad. Por ejemplo: he podido finalizar todas las actividades, he aprendido a hacer…, he conocido que…

3 Dibuja la figura en tu cuaderno. Marca con un punto el nivel en que estás (1, 2 o 3) en cada aspecto y une los puntos al terminar.

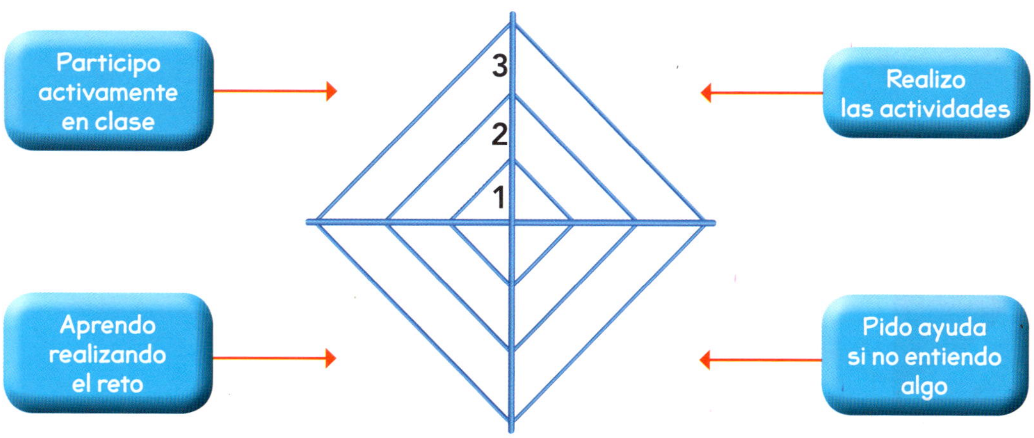

4 De lo que has aprendido en esta unidad, ¿crees que algo te servirá para aplicarlo a tu vida diaria? Escribe, al menos, una de esas aplicaciones.

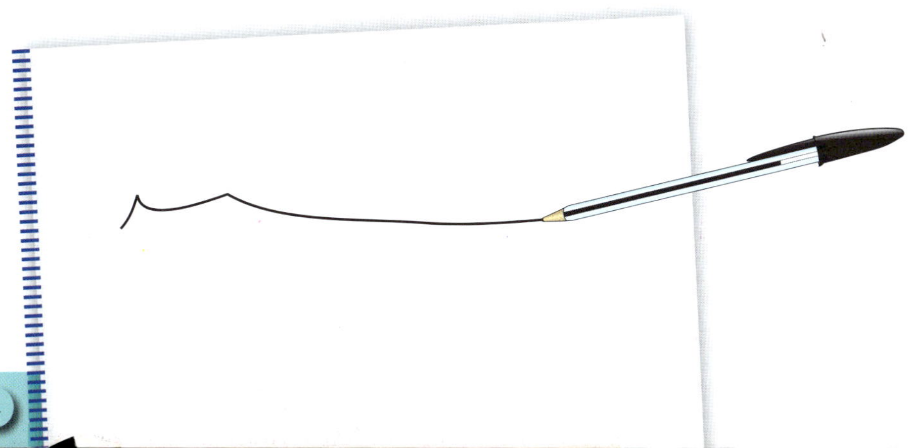

anayaeducacion.es Descubre y comparte en familia.

Escribe en tu cuaderno la respuesta correcta

1 Los acontecimientos que aún no han ocurrido pertenecen al tiempo:

a) Pasado.

b) Presente.

c) Futuro.

2 ¿Cuál de los siguientes ejemplos es una fuente histórica no escrita?

a) Una fotografía.

b) Un periódico.

c) Una carta.

3 ¿Qué edad histórica va desde la caída del imperio romano hasta el descubrimiento de América en 1492?

a) Edad Antigua.

b) Edad Media.

c) Edad Moderna.

4 ¿Hasta qué periodo abarca la Edad Contemporánea?

a) Hasta nuestros días.

b) Hasta el descubrimiento de América.

c) Hasta la extinción de los dinosaurios.

5 ¿Cuál de las siguientes cosas no se considera un monumento?

a) Un castillo.

b) Un volcán.

c) Una muralla.

6 ¿Dónde vivían las personas de la prehistoria durante el Paleolítico?

a) En castillos y palacios.

b) En casas y pisos.

c) En cuevas o chozas.

7 ¿Qué lengua se impuso en la Edad Media durante el imperio romano?

a) El castellano.

b) El inglés.

c) El latín.

8 ¿En qué año se descubrió América?

a) En 476.

b) En 1492.

c) En 1992.

9 ¿Qué grupo de personas estaba en la parte más baja de la «pirámide de los estamentos» durante la Edad Media?

a) El pueblo llano.

b) El rey y sus nobles.

c) El clero.

10 ¿Quién
dedor

a) C

b)

Resuelve en tu cuaderno estas cuestiones

11 Nombra algunos ejemplos de objetos que podemos encontrar en un museo.

12 Completa en tu cuaderno esta tabla escribiendo o dibujando cómo eras en el pasado, cómo eres en el tiempo presente y cómo crees que serás en el futuro.

Yo, en el pasado	Yo, en el presente	Yo, en el futuro

13 Indica con qué edad de la historia relacionas estos inventos:

a) Aparición d rimeras monedas: ?......

b) Invenc

c) In

Mapa físico de España

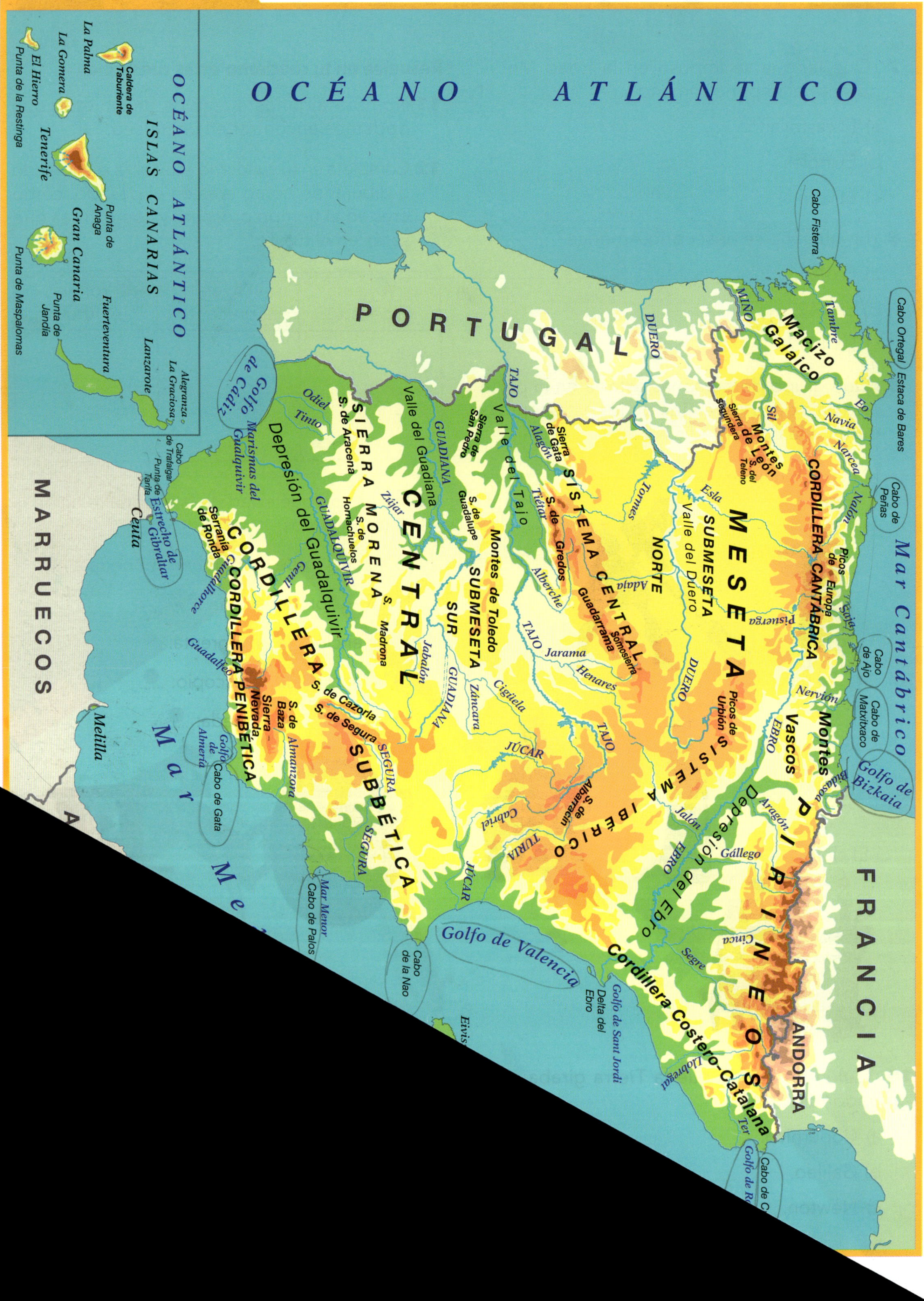

Mapa político de España

Mapa físico de Europa

Mapa político de Europa

PIEZA A PIEZA Es un proyecto educativo de Anaya para la Educación Primaria.

En la realización de este libro han intervenido:

- **Equipo de edición:** José Luis Chamero, M.ª Luz Núñez, Salvador Vara.
- **Diseño, gráficos y cartografía:** Patricia G. Serrano, Juan Carlos Quignon, Miguel Á. Castillejos, Miguel Á. Díaz-Rullo, José M. Gil, Rosario Regaño.
- **Ilustración:** Carlos J. Cecilia, Monse Fransoy, Tatio Viana.
- **Maquetación:** Esperanza Hernández.
- **Corrección:** Sergio Borbolla.
- **Edición gráfica:** Elena Achón.
- **Fotografías:** Album, Age Fotostock, Archivo Anaya: (Balaguer, T.; Candel, C.; Cantó, M.; Cosano, P.; Cruz, M.;Gutiérrez Rodríguez F.J.-ECLËPTICA; Hernández Moya, B.; Lezama, D.; Martínez, C.; Martin J.; Osuna, J.; Padura, S.; Peñuela Py E.; Pozo, M.; Ruiz Pastor, L.; Rivera Jove, V.; Ruiz, J.B.; Sánchez, J.; Steel, M.; Valls, R.), Getty, Cordon Press, Alamy / Cordon Press, Depositphotos, Thinkstock, 123 RF.

Las **normas ortográficas** seguidas en este libro son las establecidas por la Real Academia Española en la *Ortografía de la lengua española,* publicada en el año 2010.

Nuestras publicaciones mantienen el rigor en el uso y en la selección de los contenidos, en las imágenes y en el lenguaje, para cumplir con la **no discriminación** por razón de género, cultura u opinión.

IMPORTANTE. Las actividades propuestas en este libro deben ser realizadas en cuadernos u hojas sueltas; nunca en el propio libro.

ISBN: 978-84-698-4270-6 - Depósito Legal: M-1375-2018 - Printed in Spain.

ET033145/1E3I - 8381589